JN306398

ロジックの世界

論理学の哲人たちが
あなたの思考を変える

ダン・クライアン
シャロン・シュアティル　文
ビル・メイブリン　絵

田中一之　訳

ブルーバックス

装幀／児崎雅淑
カバー／五十嵐 徹
目次デザイン／さくら工芸社

訳者まえがき——ようこそ、ロジックの世界へ！

論理学というと、なんだか古めかしい学問に思われがちですが、本書がご案内するロジックは、自然科学、言語学、数学、電子工学、社会学など様々な学問分野と裾野を接する活気ある研究領域であり、また同時に日常の会話や思考にも役立つような知的ツールの宝箱でもあります。

現代ではコンピュータなしには科学も社会も考えられませんが、そのコンピュータを動かしている原理がまさにロジックです。これまで数学が物理学を中心とする近代科学の発展を支えてきたように、ロジックは情報革命の基盤を担い、いまやあらゆる科学技術に応用されているのです。

論理学の祖と謳われるアリストテレスですが、彼が創始したのは科学的議論のツールとしての「オルガノン（機関）」でした。そしてロジックは、科学の進歩や西洋文化の発達と一緒に進化してきました。本書ではイラストとマンガ、そして簡潔な会話によって、ロジックの歴史的発展の要所と幅広い応用の秘訣を視覚化し、西洋文化に疎い人でも親近感が持てるようビビッドな演出が全編に施されています。その犠牲として、学問的な厳密性が若干失われることはやむを得ません。

本書で大切なのはロジックをツールとして楽しむことです。例えば、多くの人は天動説が間違いで地動説が正しいという知識をもっているはずですが、それを論理的に説明できる人はどれ位いるでしょうか？　肝心なのは正解を知っているかどうかではなく、論理的に考え説明する力があるかということです。

原書にはもくじもまえがきもさくいんもありませんが、この日本語版ではその辺を多少補いました。では前口上はこれくらいにして、早速ロジックの世界にご案内しましょう。

もくじ

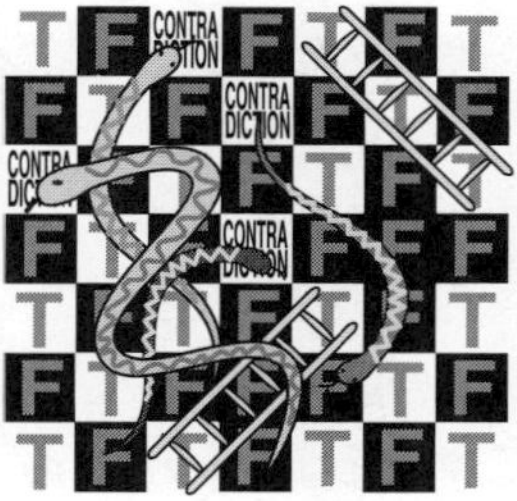

CONTRA
DICTION

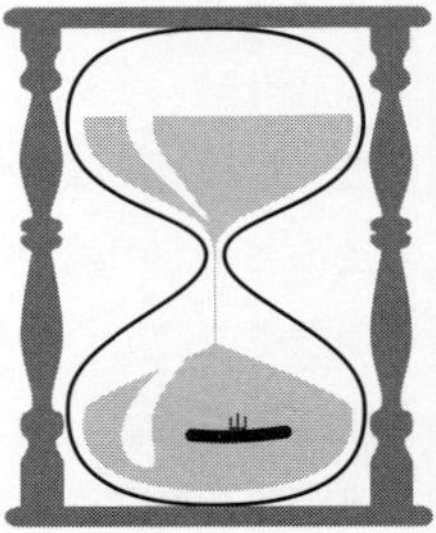

文法の普遍規則
実際の文(無限)

ロジックとは？

会話の本質は、ひとを説得することだ。こちらの正しさを相手にわかってもらいたいなら、相手が受け入れる前提からこちらの望む結論が導かれることを納得させなければならない。そのためには、どんなときに、あることが別のことから導かれるかを理解しておかなくてはダメだ。会話の中には説得と見せかけて、その体をなしていないものもよくある。

全ての財産は盗んだものだ[1]。
だから、全て盗んだものは財産だ。
よって、この真珠は私のものだ。

こんな議論は箸にも棒にもかからない。途中でされる主張の真偽と結論の真偽を結びつけるものが何もないからだ。説得中の主張が常に真であることが担保されなければならない。ロジックとは、要するに真理性を保つ説得法に関する研究である[2]。

文を研究する

ギリシャの哲学者**アリストテレス**（紀元前384－322年）は、史上初めて確実な説得の方法（オルガノン）というものを打ち立てた。この研究には、ロジックだけでなく、文法、修辞学、そして解釈学も含まれていた。アリストテレスがまず行ったのは、文（sentence）についての研究だった。

文は３種類の型をもつ[3]。
どの型の文も、「あるもの」や「いくつかのもの」がどんなものであるか述べています。

1．**単称**：ソクラテスは人である。	
2．**全称**：全ての人は死ぬべき運命にある。	
3．**特称**：ある人は死ぬべき運命にある。	

私たちが語る対象（たとえば、「ソクラテス」や「机」などの名詞、「歩行」などの抽象名詞、「誰か」や「みんな」などの代名詞）を、アリストテレスは文の**主語**と呼んだ。そして、文の主語について述べていること（たとえば、「食べている」や「倒れた」などの動詞、「難しい」などの形容詞、「ソクラテスは人である」における「人」などの名詞）を**述語**と呼んだ。

対立の四角形

アリストテレスは、ある主語述語文[4]の真偽が別の主語述語文の真偽と影響しあうことに気付いた。

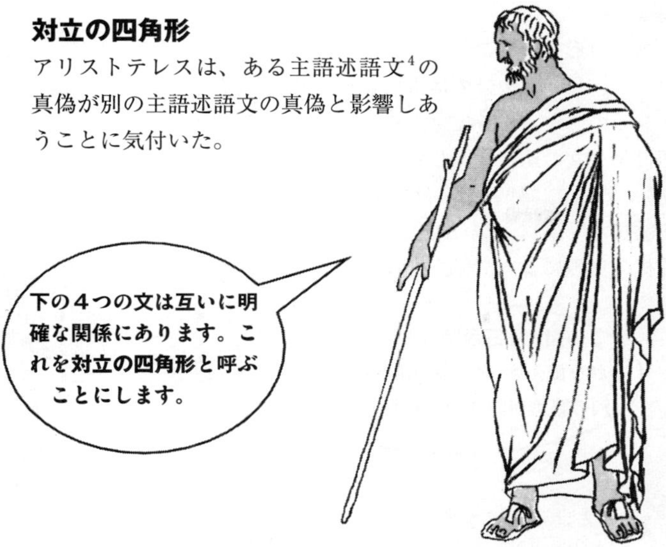
下の４つの文は互いに明確な関係にあります。これを対立の四角形と呼ぶことにします。

1．全ての人は死ぬべき運命にある。

2．全ての人は死ぬべき運命にない。

3．ある人は死ぬべき運命にある。

4．ある人は死ぬべき運命にない。

文１と文２は同時に真にはなりえない。
対角にある文１と文４の関係は**矛盾**として知られる。そこに人がいる限り、１つは真になるが両方ということはありえない。一方の真は他方の偽を確約するのだ。
この関係と同じことが文２と文３の関係についても言える。
文１と文３は両方偽にはなりえないが、両方真にはなりうる。もし文１が真であれば文３も真であるが、逆は言えない。
それと同様のことは文２と文４についても言える。また、**「全ての人は死ぬべき運命にある」**と**「ソクラテスは死ぬべき運命にある」**の間にも同じことが当てはまる。

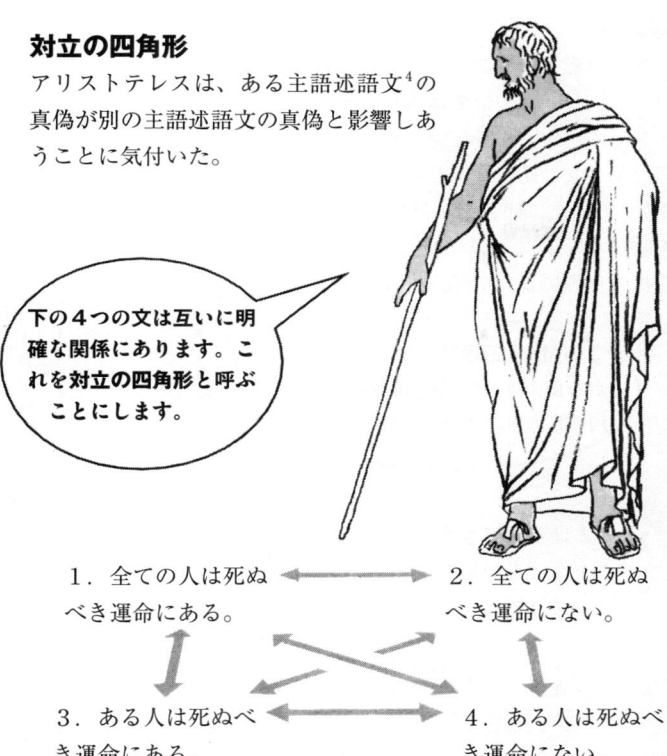

三段論法

対立の四角形を使うことで、アリストテレスは不思議な事実に気が付いた。「ソクラテスは人である」という文を例にみてみよう。3つの文からなる推論があるとする。第1文の主語は第2文の述語と同じで（これらの文を**前提**と呼ぶ)、第3文は残りの名辞で構成されている（これを**結論**と呼ぶ)。このとき、結論の真理は2つの前提の真理によって保証される。

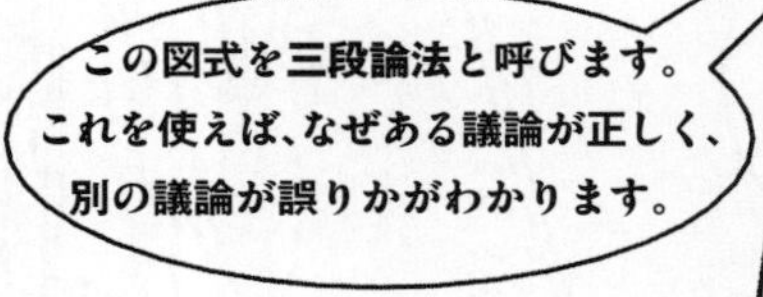
この図式を三段論法と呼びます。
これを使えば、なぜある議論が正しく、
別の議論が誤りかがわかります。

妥当
妥当
妥当でない

1．全ての人は死ぬべき運命にある。
2．ソクラテスは人である。
3．ソクラテスは死ぬべき運命にある。

1．全ての肉食動物は肉を食べる。
2．ある鳥は肉食動物でない。
3．ある鳥は肉を食べない。

1．私はアーセナル[5]を応援する。
2．アーセナルはロンドンにある。
3．アーセナルは優勝カップを獲得する。

アリストテレスは複数の述語をもつような条件文については考えなかった。例えば、

「ソクラテスが人であれば、ソクラテスは死ぬべき運命にある」といったものだ。

さて、「アーセナルはロンドンにある、だからアーセナルは優勝カップを獲得するだろう」という主張を考えてみると、2つの理由で誤りだといえる。1つ目の理由は実際に主張されている内容にある。私がアーセナルを応援し、アーセナルがロンドンにあるという2つの事実から、アーセナルの優勝が保証されるとは到底言えないだろう。加えて、最初の前提文の述語が第2文の主語になっていないという形式的な理由もある。

でもこの推論は絶対妥当だ。
1．僕がアーセナルを応援したら、アーセナルは優勝する。
2．僕はアーセナルを応援している。だから……
3．アーセナルは優勝カップを手にするだろう。
ARSEN
まだ間違っているよ。推論の妥当性は、前提が真の場合に結論が真であることを保証するだけだから。君の場合、前提が間違っているから結論もそのままだね。
じゃあ、こんなこと考えて何かいいことあるのかよ？
すぐにわかるよ。

接続詞のロジック

それから何百年も経って、**ソロイのクリュシッポス**（紀元前280頃－206年頃）はロジックの研究の対象を単一の主語述語文から「ソクラテスは人で、かつゼノンも人だ」というような複文へと変えた。これは偉大な業績だ。「もし神がロジックを使うなら、それはクリュシッポスのロジックだろう」とまで言われたものだ。後で見るように、私たち人間のロジックも結局同じものなのだが、その事実を理解するには2000年もかかったのである。

「そして」「または」「ならば」などの言葉を用いていろいろな文を結合してみると、できた文の真偽は、それを構成する文の真偽のみに依存しています。

このような**接続詞**は、構成要素の真偽を結合して全体の真偽を定める固有の方法を備えている。

例えば、接続詞「または」は以下のように使われ、「または」以外の接続詞が同じように使われることはない。

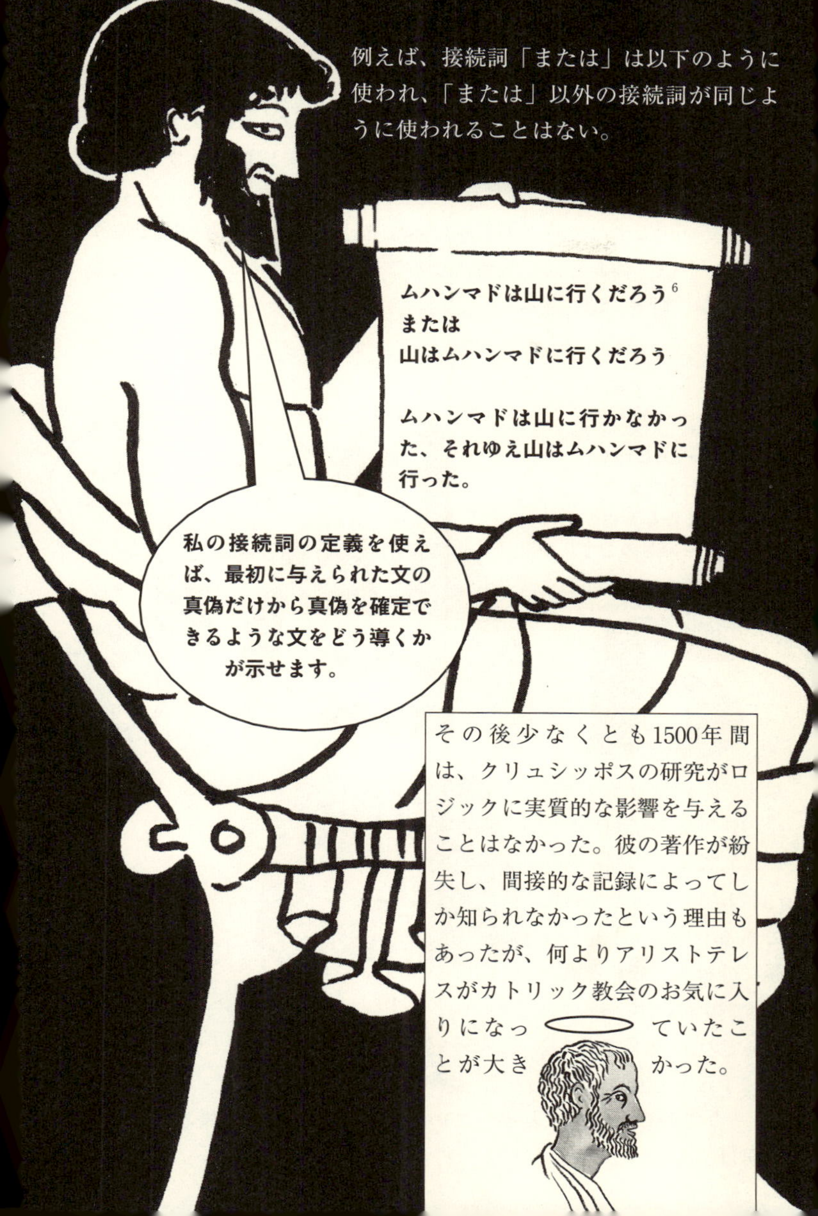
ムハンマドは山に行くだろう[6]
または
山はムハンマドに行くだろう
ムハンマドは山に行かなかった、それゆえ山はムハンマドに行った。
私の接続詞の定義を使えば、最初に与えられた文の真偽だけから真偽を確定できるような文をどう導くかが示せます。

その後少なくとも1500年間は、クリュシッポスの研究がロジックに実質的な影響を与えることはなかった。彼の著作が紛失し、間接的な記録によってしか知られなかったという理由もあったが、何よりアリストテレスがカトリック教会のお気に入りになっていたことが大きかった。

ライプニッツの法則

2000年に渡り、論理学者たちは多くの三段論法を考案し、中には3つ以上の前提を含むものもあった。彼らは、妥当な推論を得るために概念をいじくりまわす一種の錬金術師でもあった。こうした狂騒の中から、**ゴットフリート・ライプニッツ**（1646－1716年）がある方法を考案した。

彼は文を代数学の方程式のようにみなそうと考えた。方程式で使う等号「＝」は、両側が同じ数値になることを表している。以下が例だ。

$$x^2 + y^2 = z^2$$

ライプニッツは、名辞「a」と「b」が同一であることを表すために、ロジックに等号を導入した。

もし、一方について言えること全てが他方についても言えるならば、2つは同一のものです。
もし2つのことについてまったく同じことが言えるならば、それらは同一です。
a = b

以来、これはライプニッツの法則として知られている。彼はその同一性を「aはbである」と「bはaである」という1対の主張に分析し、それぞれは「全てのaはbである」と「全てのbはaである」を意味するとした。

例）「全ての独身男性は結婚していない男で、全ての結婚していない男は独身男性である」

もしaとbが同一ならば、どんな文でも、その中の「a」と「b」の置き換えによって文の真偽は変わらない。例えば、「ソクラテスは結婚していない男で、結婚していない男は独身男性と同一である。よってソクラテスは独身男性だ」。

これは重要だ。なぜなら、簡単な原理で無限にたくさんの文の真偽を判定できるようになるからだ。ライプニッツは4つの原理を挙げている。

1.「a＝a」

例）「ソクラテスはソクラテスだ」

2.「aはbだ」かつ「bはcだ」ならば、「aはcだ」

例）「全ての人は死ぬべき運命にある、ソクラテスは人だ、だからソクラテスは死ぬべき運命にある」

「aはbだ」は「全てのaはbだ」と同じである。

じゃあ、これは私の最初の三段論法とまったく同じ形ですね！

はい、でもまだ2つ法則があるのですよ。

3.「a＝（aでない）ではない」

例）「もしソクラテスが死ぬべき運命なら、ソクラテスは不死ではない」

4.「『aはbだ』＝『bでないものはaでない』」

例）「ソクラテスは人だというのは、もしあなたが人でなければ、あなたはソクラテスではないということである」

これらの単純な原理から、ライプニッツはあらゆる三段論法を証明してみせた。アリストテレスの対立の四角形にかわり、ライプニッツは最初の本物の真理論を考え出した。それは、同一な名辞（同意語）を互いに置き換えることで、すでに確立されている法則から結論を導くというものだった。

背理法

ライプニッツが好んだ証明法は、とても重宝な手法として、それ以降の論理学者や哲学者に非常に愛用された。彼はそれを**背理法**と呼んだ。

背理法はとても簡単だが、強力なツールだ。ライプニッツの発明以来広く使われている。例を見てみよう。

君は25日の夜どこに居た？
強盗はしていませんよ。バスケをしていました。
ほう、たぶん本当なんだろう。では確かめることにしよう。
やあ先生、被疑者は25日にバスケができましたかな？
まさか。彼はその前日に腕を骨折していたんだ。
その夜には骨折していたらしいな。
だから？
つまり、骨折した腕でバスケができたはずがないんだ！　お前の話は矛盾になるな。
お前は嘘をついている。

背理法では、ある文を真だと想定し、そこからどんな結論が導かれるかについて調べる。もし、導かれた結論の間に矛盾が見つかれば、最初の文が偽だったとわかる。なぜなら矛盾は常に偽だからだ。

私の素晴らしい新手法を好かない人もいました。というのは、全ての文が真か偽のどちらかであるという私の仮定に何の保証もなかったからです。

truefalse

背理法の大きな利点は、真であることをどう説明すればいいか、その証明の組み立て方がわからなくても、文の真理性がわかる点だ。その否定が矛盾を導くことを示すことで、文が真であるとわかるのである。

新オルガノン[7]

「私の発明はあらゆる知性のはたらきを包摂している。どんな論争にも判定を下し、どんな概念も解釈して、確からしさを見積もり、経験の海で私たちを導くコンパスとなり、物事の目録にも、そして思考の一覧にもなり、現状を熟視する顕微鏡としても、未来を予想する望遠鏡としても使え、あらゆる計算ができて、悪意のない魔術や現世的な占いを行い、どこに行こうが真の信仰の道に導いてくれるご託宣を自分で読める言葉で与えてくれるのです」

ライプニッツからハノーファー公への手紙[8]、1679年

これは革命です。アリストテレスの旧オルガノンにかわって「新オルガノン」を提唱します。これは世界とロジックについての新しい考え方です。
ロジックはもはや相手を説得するための手段ではなく、思考の法則の体系になりました。神の思考ですら論理的であるはずです。神も、矛盾が真となる世界は創造できなかったのです。

案の定、教会は彼を異端と呼んだ。しかし、思考に必然的な法則があるというアイデアは、カント、ヘーゲル、マルクス、ラッセルといった西洋の哲学者たちに綿々と影響を与え続けた。

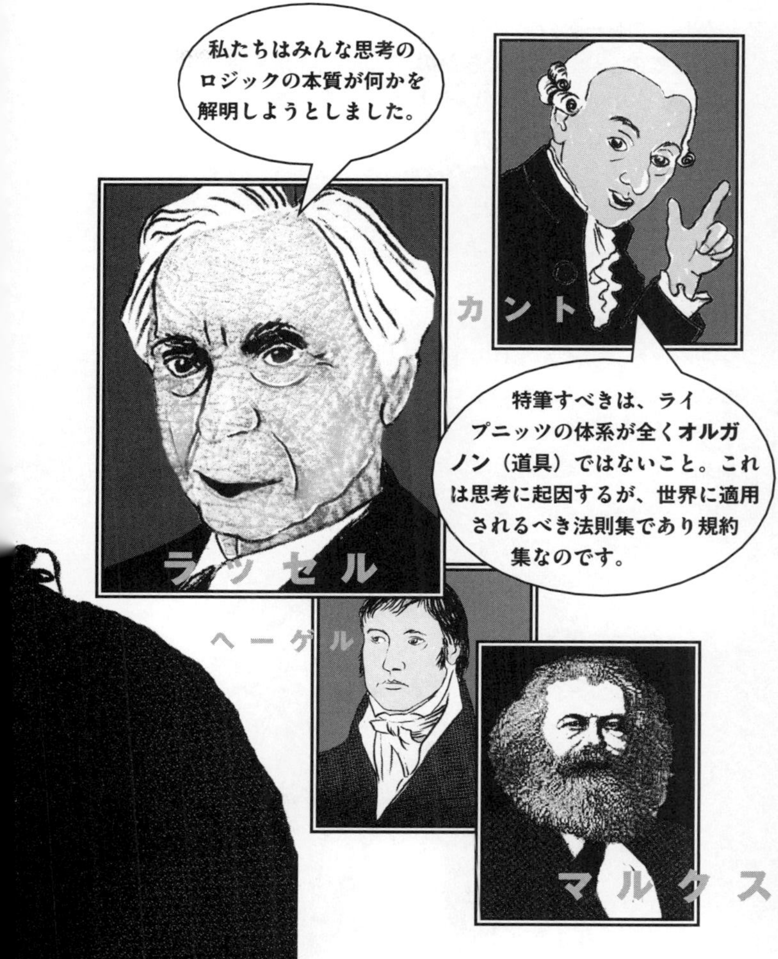

私たちはみんな思考のロジックの本質が何かを解明しようとしました。
カント
特筆すべきは、ライプニッツの体系が全くオルガノン（道具）ではないこと。これは思考に起因するが、世界に適用されるべき法則集であり規約集なのです。
ラッセル
ヘーゲル
マルクス

フレーゲの量化詞

『哲学辞典』[9]によると、近代ロジックは1879年のゴットロープ・フレーゲによる『概念記法』の刊行から始まる。ライプニッツの証明理論と論理接続詞の理論を結びつける命題計算がそこで導入された。ここでようやくクリュシッポスまで到達できたというわけだ。しかし、フレーゲの新発明で最も重要なのは、量化詞だ。量化詞とは**「全ての**（all)**」「いくらかの**（some)**」「たくさんの**（many)**」「ほとんどの**（most)**」**というような言葉である。これらを使うことで、「ある（some）人たちは禿げている」のように、対象の集団について語ることが可能になった。アリストテレスは文中の名辞として扱っていたが、それはときにおかしな結果を導くことがある。たとえば、ルイス・キャロルの『不思議の国のアリス』に次のような会話がある。

「道には誰もいないわ（I see nobody)」とアリスは言いました。

「ああ、わしもそんな目ん玉がほしいものだ」と王様は苛立ちを表しました。「誰もいない（nobody）のが見えるなんて！　しかもそんなに遠くから！　どうしてだ、わしには、いる人しか見えないのだぞ……」

フレーゲは、量化詞を論理的に分離して扱い、この問題を回避した。

彼が用いたのは**「全て」**と**「(少なくとも1つ) ある」**という2つの量化詞だ。これらにより、
「道には誰もいないわ」
というのを、
「全ての人に関して、その人が道にいることは私に見えない」
あるいは、
「私が道に見える人は誰もいない」
と言い直すことができる。
エレガントな解法ではないが、これによって「不思議の国のアリス」型のロジックの愚を避けることができる。

これは、なぜ「道には誰もいないわ」が「道に使者がいるわ」と大きく違っているのかを示しています。
つまり、「誰もいない」という言葉は表す対象をもつ必要はないのです。

文脈の原則

フレーゲは、論理的に真偽が扱える最小単位は主語述語文つまり**命題**であるという「文脈の原則」を提案した。各言葉の意味は、それを含む命題の文脈全体の中でしかわからないということだ。

「I feel cold」という表現について考えてみよう。これはいろいろな場面でいろいろな人が発しうる。「寒く感じる」という言葉は、使われる状況によって異なる命題を表す。

命題1
I FEEL COLD.
（感覚が失われていく）[10]
命題2
I FEEL COLD.
（僕、寒いよ）

この文の意味は、ドクニンジンを飲んだ後のソクラテスが言った場合と、小さい子供が言った場合では大きく違ったものになるのです。

命題計算

フレーゲのロジックは、基本単位が命題だったので、「命題計算」と呼ばれている。命題計算を用いると、接続詞によって合成された複合命題の真理を判定できる。さらに、フレーゲは接続詞自体が真理値に関連付けられたものであることも明らかにした。例えば**「ならば」**のような接続詞を用いた命題は、複文の真偽を変えることなく、他の接続詞**「かつ」**と**「～でない」**を用いた表現に変えることができる。

1
2
3
4
5
6
7
8
9
10
11
12
13
14
15
16
17
18
19
20
21
22

「お前が鳥ならば、羽をもっている」
は、こう言い換えられます。
「お前は鳥で、かつ羽をもっていないはずはない」

フレーゲのロジックはクリュシッポス（文の解釈は、それを構成する単文に分解して行える）とライプニッツ（同意語の代入によって、ある文を他の文から証明できる）の両方の長所を結びつけ、さらにそれらを発展させ、異なる接続詞間の同値性までも扱えるようにした。しかし、彼が当初いだいていた研究への想いは、ロジックから数学を導こうという試みにあった。

カントールの集合論

ゴットロープ・フレーゲ（1848－1925年）が生きた時代には数学や科学の大発見が続いた。そして、新しく誕生した異なる数学分野における議論の間にも、ある種のパターンが見られるようになった。こうしてほしい命題を全て導けるような規則の上に、数学全体を基礎付けようという試みが生まれた。フレーゲは彼の命題計算がその要求をうまく満たすだろうと考えていたが、命題計算は数を定式化する手段に欠けていた。それなくしては数学の定式化は先に進めず、彼の量化詞「全て」と「（最低１つ）ある」も役に立たない。しかし、明解な解決法が新しい数学分野からもたらされた。それは、フレーゲと同時代の**ゲオルク・カントール**（1845－1918年）によって展開された集合論だ。

数学において、集合は考えられる限りもっとも基本的なものです。
集合を構成している要素は基本的に何ら共通性をもつ必要はない。どの集合も他の集合と要素の個数で比較できる。

まず、集合**a**と**b**の共通部分についてこう図示できる。

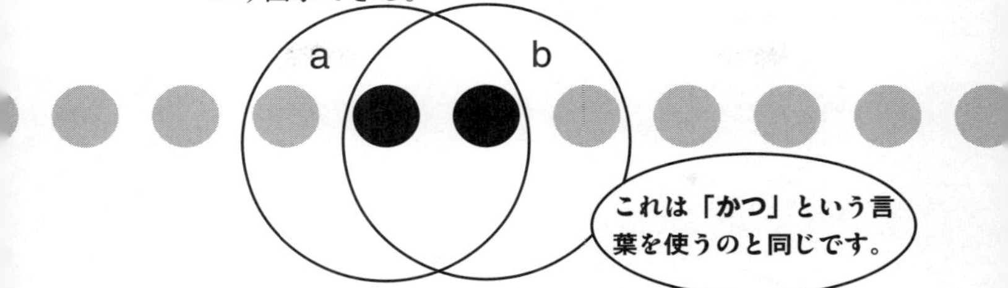
a
b
これは「かつ」という言葉を使うのと同じです。

次に、**a**と**b**の和集合の要素は下のようなものだ。

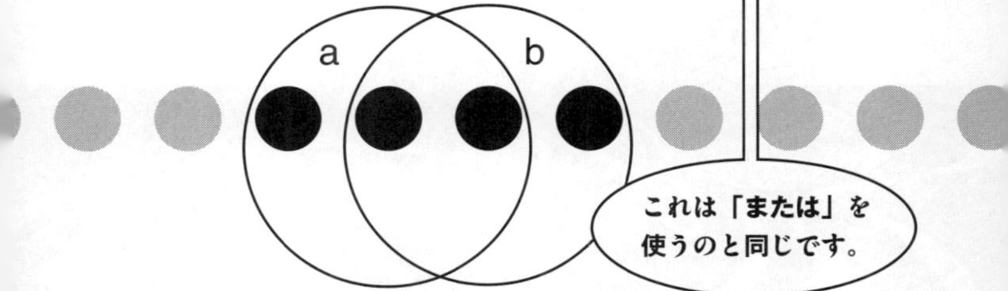
a
b
これは「または」を使うのと同じです。

最後に、**a**の補集合の要素は次のようになる。

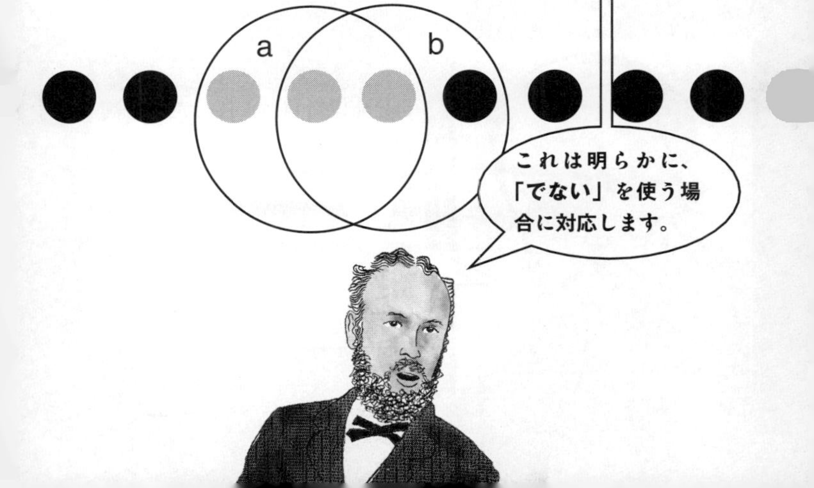
a
b
これは明らかに、「でない」を使う場合に対応します。

接続詞の有用性

たった3つの接続詞（**かつ、または、でない**）で、私たちはあらゆる論理的命題を表現することができる。たとえば、「aならばbである」と同じことを「aであり、かつbでないことはない」といえる。

もし彼女がキスしてくれたら僕は王子様に変身できるのに。
彼女が君にキスしても君が王子様にならないことはないよ。
今そう言っただろう。

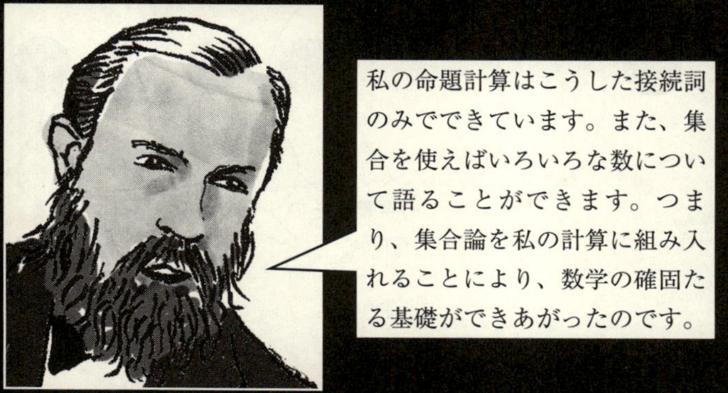
私の命題計算はこうした接続詞のみでできています。また、集合を使えばいろいろな数について語ることができます。つまり、集合論を私の計算に組み入れることにより、数学の確固たる基礎ができあがったのです。

ラッセルのパラドクス

フレーゲが自分の人生の大半を捧げて築いた理論をいよいよ公表しようとする直前、イギリスの生意気な若者**バートランド・ラッセル**（1872－1970年）がフレーゲの集合の使い方は致命的な矛盾を導くと指摘した。

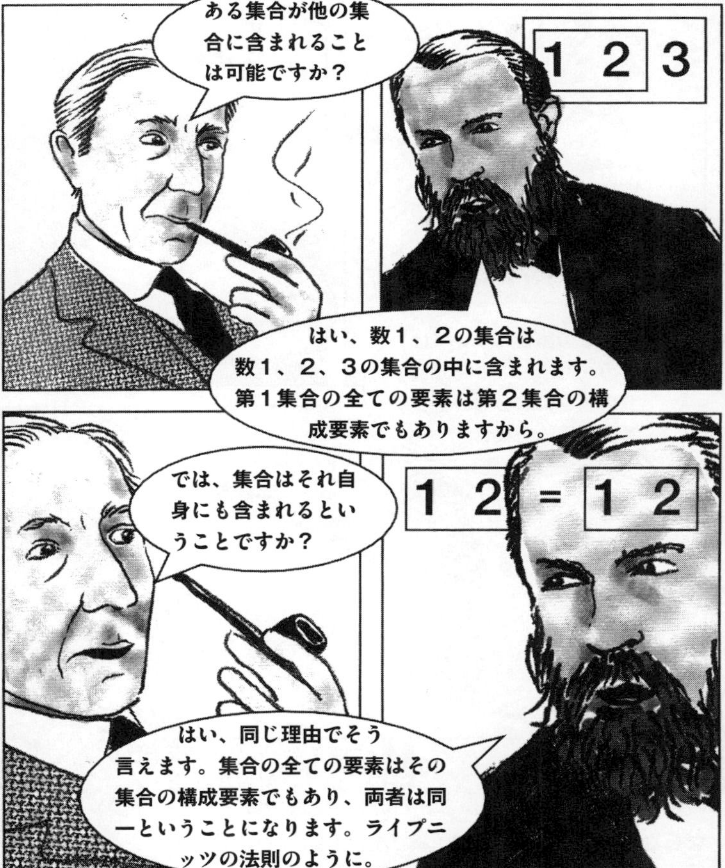
ある集合が他の集合に含まれることは可能ですか？
1 2 3
はい、数1、2の集合は数1、2、3の集合の中に含まれます。第1集合の全ての要素は第2集合の構成要素でもありますから。
では、集合はそれ自身にも含まれるということですか？
1 2 = 1 2
はい、同じ理由でそう言えます。集合の全ての要素はその集合の構成要素でもあり、両者は同一ということになります。ライプニッツの法則のように。

ここまではうまくいっているようだが、
ラッセルはさらに続けるのだ……

致命的な欠陥

では、教えてください。集合の集合もあるのですか？ ４個以上の要素をもつ集合を集めた集合のように。
あると思います。
ではこの集合についてはどうですか？ 「自分自身の要素にならない集合を全て集めた集合」

ええと……

ラッセルの論旨はこうだ。もしその集合が自身の要素であれば、定義から、自分自身の要素に**ならない**。しかし自身の要素でないなら、その要素**となる**。つまり自身の要素であって、かつ要素でないということになる。これが矛盾だ。

この明白な間違いから、フレーゲは失意の人となったと言われる。

表層文法の問題

それでも、ラッセルはフレーゲの仕事に賞賛すべき価値を見つけていた。彼は友人であるA. N.ホワイトヘッドとともに、数学を集合と論理の上に基礎付けようとしていた。彼らはフレーゲのような矛盾を避けるために多くの時間を費やした。２冊の本を埋め尽くして、解決に挑んだ！　１＋１＝２という事実さえ、さらに自明なものに基礎付けたかったのだ。

subject verb
object noun
LOGIC
哲学に革命を起こしうる思想が啓示された！　言語自体が問題なのだ！　文にまつわる表層的な文法がその真の論理的形式を隠してしまっている[11]。

表層文法（名詞、動詞、形容詞などからなる学校文法）は文の真のすがたを隠している。ラッセルは言語を完璧な論理的構造まで分析できたら、今日存在する哲学的な大問題の多くが消え失せるだろうと考えた。

ラッセルの体系

ラッセルは述語まで計算の対象に組み入れ、フレーゲの量化詞の概念を発展させ、「全て（all）」と「ある（some）」の違いを明確にした。こうして、存在を述語として取り扱うような、問題の堆積をもたらしかねないことが無用になった。また、彼は量化詞間の関係を定式化することで、アリストテレスの対立の四角形を形式的に表した。

「全ての鳥は翼をもつ」というのと**「鳥であってかつ翼をもたないものはない」**というのは、同じことだ。**「全て」**と**「（少なくとも1つ）ある」**の量化詞は、適当な場所に否定を加えれば置換できる。

私の体系は、これまでのロジックの体系ができることを全てできるようにした最初のものです。
FRE
LEI
CHRIS
ARIST

このような文を考えよう。

「現在のフランス国王は禿げている」[12]

これは真か偽か？　真とも、偽とも、またどちらでないとも思える。もし偽だったら、現在のフランス国王が禿げていないことを意味するのだろうか？　もちろん、真でも偽でもないとしたら、この文は全く何も主張していないことになる。世界について何も言っていないということだ。

ラッセルは、この文が実は３つの主張の組み合わせであると考えた。

1．現在のフランス国王がいる。

2．現在のフランス国王が唯一人いる（他にいない）。

3．現在のフランス国王は禿げている。

つまり、冒頭の文は３つの主張全てが真であるときにのみ真となる。冒頭の条件が偽とわかるので、最初の主張も偽である。しかし、これは反対の主張を真にしない。というのは、反対の主張も以下のように分析されるからだ。

1．現在のフランス国王がいる。

2．現在のフランス国王が唯一人いる（他にいない）。

3．現在のフランス国王は禿げていない。

この文の組み合わせも明らかに偽である。

ウィトゲンシュタインの論理的写像

イギリスの哲学界は10年ほどラッセルが席巻した。しかし、**ルートヴィヒ・ウィトゲンシュタイン**（1889－1951年）というオーストリアのユダヤ人が、1912年に有望なエンジニアのキャリアをなげうってラッセルの弟子になると、状況が一変した。彼は第一次世界大戦従軍中に、二大業績のうちの１つ『論理哲学論考』を書き上げた。この本では、哲学は隠された論理的構造を解明するものとされているが、フレーゲとラッセルへの明確な攻撃も含んでいた。彼の主な関心は常に、言語とロジックと世界の関係を理解することにあった。

パリの法廷では交通事故の際に実際の車が道路のどの位置にいたかを示すのにミニカーが使われているということを彼は、新聞で読んで知った。ここからすばらしいアイデアが生まれた。

これは、言語が世界を写した像[13]だと考えればいい。

どんな像も何らかの事実を描いているとすれば、事実との間に共有しているものがあるはずで、それが**事実の形式**という論理形式である。彼にとって、ロジックは世界と言語が共有すべきものだった。世界を描写するのに言語が使えるのは、言語が世界と共通するものをもっているからに過ぎない。そして、ロジックがあるからこそ、私たちの文は意味をもつのだ。

これが、まさに私たちの文が完全な論理的道理にしたがっている理由です。このことは文が意味をもつという事実によって保証されています。
その通り、これはパイプではない[14]。だが、パイプの論理的表現ではあります。

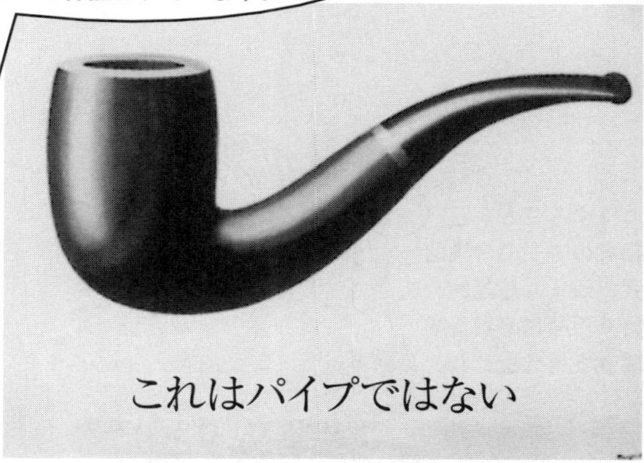

これはパイプではない

論理的形式をもたない像はただ全く何も表さない。ちょうどポロックやロスコの抽象画が現実性を描写していないように[15]。

「神は不合理な世界以外のものは何でも創造できると言われているが、本当はわれわれが不合理な世界についてそれがどんなものであるかを語りえないということなのだ」

（論考3.031）

カルナップとウィーン学団

フレーゲ以来、ロジックは数学の基礎付け問題や言語に関する問題解決と関連しながら発達してきた。**ルドルフ・カルナップ**（1891－1970年）が重視したのは主に科学だった。もともと彼はフレーゲの弟子だったが、ウィトゲンシュタインの『論考』に大きく影響を受けながら、ウィーン学団（科学的に証明できず論理の法則でもないようなものを哲学から一掃したいと望む哲学者や科学者たちの集団）のスーパースターの一人となった。「哲学は科学のロジックに置き換えられるべきであり、科学のロジックは科学言語の論理的構文論である」（カルナップ、『言語の論理的構文論』、1934年）。

カルナップはありとあらゆる形式言語に関して厳密な理論を展開しようと、その優れた論理的手腕を振るった。

こうすることが哲学研究の唯一の合理的な形式、つまり論理的分析を行うために必要な前置きと考えました。
形而上学廃止

あいにくこの方法は、ウィーン学団では自らの意見が表明し難いと感じさせるまで言葉を制限した。「……私たちは仲間の一人を指名し、議論において不合理な文が発せられるたびに、『M』（metaphysics〈形而上学〉のM）と叫ぶように命じた。彼は頻繁に『M』と叫んだので、私たちはそれが嫌になり、逆に合理的な発言をするたびに『Mではない』と叫ばせるようにした」

寛容の原理

論考を読んで、私はロジックと知覚経験のみから、全ての意味ある文を導くことができると思うようになりました。
論理哲学論考
私の本の主張とは少し違いますよ。意味は世界から来るもので、知覚経験から来るものではありません。

言語全体を抑制しようとしたカルナップの企ては、その結果が見え始めるとすぐにもたついた。自身の急進的な姿勢を正当化するために非常に長い著作（『世界の論理的構成』、1928年）を著していた彼だが、次の大作（『言語の論理的構文論』）では力を抜いて自身の意見を和らげるようになった。

ロジックと形式言語の発展に対するカルナップの最も重要な貢献は、ロジックがただ１つではなくたくさんあるという「寛容の原理」の導入だ。どんな言語表現もそれを論理的に使用できるだけの十分な規則があれば容認できるというものだ。

ヒルベルトの証明論

数学をロジックと集合論に還元しようとしたフレーゲとラッセルの試みは、20世紀初期に数学を堅固な論理的土台の上におこうとした多くの挑戦の内の1つである。他の特筆すべき試みは**ダヴィッド・ヒルベルト**（1862－1943年）によるもので、彼が開拓したロジックは「証明論」あるいはメタ数学と呼ばれる。

ヒルベルトは異なる数学分野が共有しているものに関心があった。どの分野も、様々な公理、つまり真と仮定される命題からその分野におけるあらゆる命題が証明されている。

互いに矛盾するものを含まない限り、公理の集まりは1つの数学分野を築く。
任意に集めた公理に対し、矛盾性を証明する方法を見つけたいのです。
三角法
算術
無

ヒルベルトの無矛盾性のテストに合格した数学分野は、しっかりした基礎をもつことが証明されたことになる。

ゲーデルの登場

ヒルベルトが考案した方法は次のような考えに基づく。幾何学のようなものの無矛盾性を疑いなく立証するには、数学の基本的矛盾「１＝０」と同等な陳述がその公理から導出できないことを示せばよい。彼は、ライプニッツのように、背理法を主な手段として用いた。

無矛盾性を証明する手法を見つけようとした彼の努力は、予備段階以上の結果を生み出さなかった。しかしそれは、20世紀の最も偉大な論理学者となる宿命にあった、まだ若いオーストリア人[16]、**クルト・ゲーデル**（1906－1978年）の関心をひいていた。

何学
微積分学
盾　性

23歳のとき、ラッセルの述語計算の主張が全て真で、さらに全ての真なる陳述がこのロジックで証明できることを証明しました。専門的にいえば、述語計算は「健全であり完全である」と言えます。

この発見が、ロジックと数学基礎論の発展に甚大な影響を及ぼした一連の研究が集中する10年間の幕開けとなった。

ゲーデルの不完全性定理

ゲーデルは24歳のとき、自身の研究結果を算術の範囲まで広げようとして、全く予期しない結果に行き着いた。算術の基礎として十分な機能をもった体系であれば、どんなものも不完全であることを発見したのだ。これは、数学を有限個の公理に基づかせようとするヒルベルトの計画が、すでに算術レベルでうまくいかないことを意味しており、微積分学のようなさらに複雑なものになれば言うまでもなかった[17]。

この頃、ゲーデルはウィーンで無給講師として働きながら、その日暮らしの生活を送っていた。ナチスの台頭により、彼の友人や同僚は次第にアメリカへ逃れた。政治に関心のない彼はウィーンを去るのは気が進まなかったが、心気症を患いながらも兵役検査に合格してしまったので、即座にアメリカへと逃げ出したのだ。

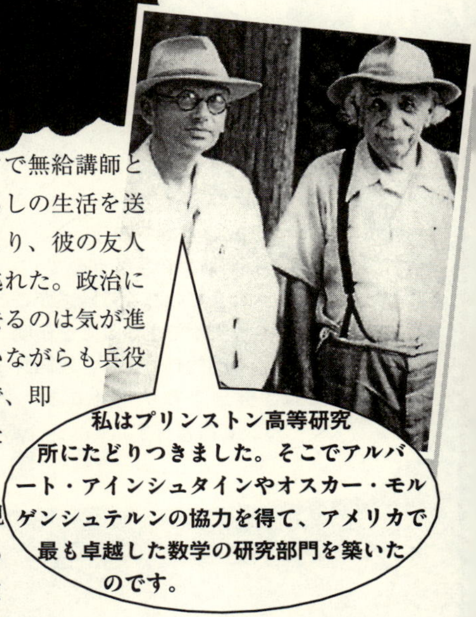
私はプリンストン高等研究所にたどりつきました。そこでアルバート・アインシュタインやオスカー・モルゲンシュテルンの協力を得て、アメリカで最も卓越した数学の研究部門を築いたのです。

ゲーデルの独創的な証明は現代数理論理学の幕開けとなった。彼の偉業は今日に至るまでロジックの進むべき道を指し示してきたのだ。

証明論とのつながり

現代のロジックはお互いに関わりのある3つのテーマに分けられる。それは、数理論理学、記号論理学、哲学的論理学である。

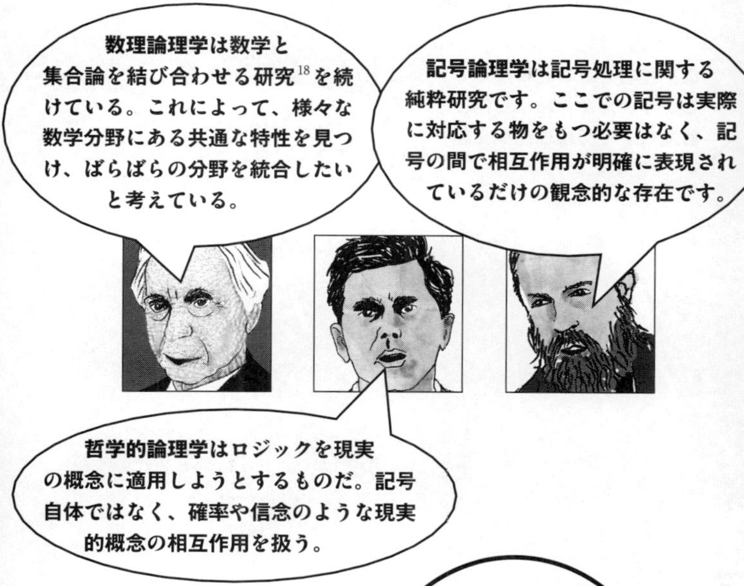
数理論理学は数学と集合論を結び合わせる研究[18]を続けている。これによって、様々な数学分野にある共通な特性を見つけ、ばらばらの分野を統合したいと考えている。
記号論理学は記号処理に関する純粋研究です。ここでの記号は実際に対応する物をもつ必要はなく、記号の間で相互作用が明確に表現されているだけの観念的な存在です。
哲学的論理学はロジックを現実の概念に適用しようとするものだ。記号自体ではなく、確率や信念のような現実的概念の相互作用を扱う。

この3つのテーマを結びつける特徴は、いずれも**証明論**[19]に基づいていることで、それは、ある文が他の文から導けるかどうかの判断を可能にするものだ。

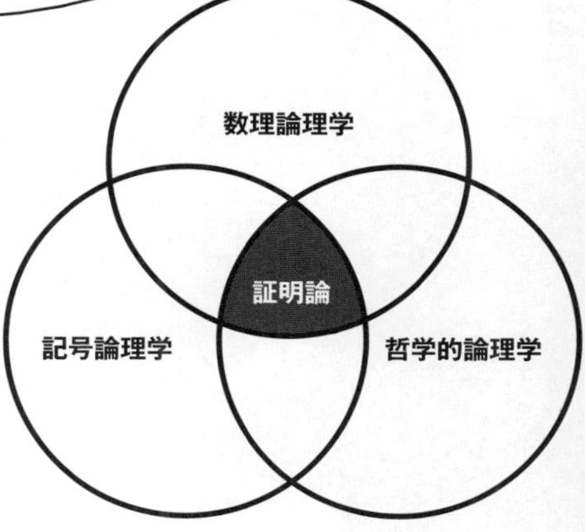
数理論理学
証明論
記号論理学
哲学的論理学

証明論は、論理的な言葉すなわち論理式（論理的構文によって結合された記号列）から、論理的に導出できるものが何かを示すためのたくさんの方法からなる。これは、論理的構文に厳密な定義を与えることによってなされる。

論理的構文が文の真偽を左右することになるでしょう。だから私は真偽の言葉によって論理的構文論を定義したのです。
例えば、「空は灰色であり、かつ雨が降っている」の中の論理接続詞「かつ」は、２つの単文「空が灰色である」と「雨が降っている」が両方真である場合にのみ真となります。

真偽の言葉で論理接続詞を定義するという考え方は、当時の論理学者に受けが良かった。そのため、ほとんど誰も手を加えようとはしなかった。
実際、フレーゲが「∧」の真偽について語るときには、その文の意味は重要ではない。重要なのは文が真か偽かを知ることである。接続詞のはたらきはその文の内容には影響されないのだ。
このため、フレーゲは１つの文をｐやｑなどの単純な記号で表すことにした。この方法もまもなく論理学者の間で流行となった。

ウィトゲンシュタインの論理接続詞表

ウィトゲンシュタインは論理接続詞を単純な表で表す方法を創案し、フレーゲの冗漫な手法を用いなくても済むようにした。

「空は灰色である」を「p」、**「雨が降っている」**を「q」と表すこととしよう。各文は真か偽かのいずれなので、併せると４つの可能性があり、下のように表せる。

p	q
T	T
T	F
F	T
F	F

この表を拡張すれば、文「p∧q」の中で、接続詞「∧」がどのように働いているかを示すこともできる。

「p」が真で「q」も真のときは「p∧q」は真となりますね。しかし、もし一方が、あるいは両方が偽ならば、表が示すように複文は真とはなりません。

p	q	p∧q
T	T	T
T	F	F
F	T	F
F	F	F

ウィトゲンシュタインの真理値表

このような着想が2つの応用をもたらした。1つは主に論理学者に重要で、もう一つは私たちの日常生活にも関連する。論理学者は、真理値表を論理的に結合された文の真理を表すものとして用いる。しかし、私たちの生活にとってもっと大切なのは、これらの接続詞が現代の電子技術の基礎として幅広く使われているという事実だ。どちらの応用を考えるにせよ、さらに2つの論理接続詞について学んでおく必要がある。

最初に必要な接続詞は**「∨」**（**「または」**と読む）で、下のように定義される。

p	q	p∨q
T	T	T
T	F	T
F	T	T
F	F	F

この連結文は**「p」**と**「q」**のいずれかが真である場合に真、両方が偽である場合のみ偽となる。これは英語の「and／or」[20]とほぼ一致する。

私たちに必要なもう一つの接続語は**「¬」**（**「でない」**と読む）で、これは1つの文に適用される。その真理値表は以下のようになる。

p	¬p
T	F
F	T

「¬」はたとえば「クリントンがアメリカの大統領であるということはない」という文の中の**「ということはない」**にほぼ一致する。

これらも私の真理値表の方法で表したらいいでしょう。真理値表は接続詞の定義として使うことだってできます。

トートロジーの発見

論理記号はいくつか組み合わせてもよく、論理的に複雑な文の真偽を計算するのに役立つ。たとえば、「p∨¬p」は下のような真理値表を形成する。

p	¬p	p∨¬p
T	F	T
F	T	T

真理値表で結果が全て**T**の場合、全ての状況で真であるということだ。例えば、**「雨が降っているかいないかのどちらかだ」**という文は偽にはなりえない。論理学者はこれをトートロジー（同語反復）と呼ぶ。

私の真理値表を使えば、単純な記号で表現されるトートロジーは全て簡単に見つけ出すことができます。

トートロジーにおいて、各真理値は論理的構文のみによって決まっている。だから、それと同じ論理的構文をもつ文ならどんなものでも常に真となることがわかる。このことは証明論にとって重要なことである。なぜなら、ある論理的議論が必然的に真であることを証明するための確かな基礎が得られたからである。

デジタル電子回路の論理ゲート

現代生活はデジタル電子回路なしには考えられなくなっているが、デジタル電子回路はそもそもロジックを実現したものに過ぎない。デジタル電子回路は電子レンジから携帯電話までありとあらゆるところに見られる。デジタル電子回路は、基本的にスイッチのような、入力によって電流を流す**「論理ゲート」**で構成される。たとえば、「ANDゲート」には2つの入力と1つの出力があるが、2つの入力両方に電流が流れたときにのみ電流を通す。ANDゲートの動作は、下のように表される。

入力1	入力2	出力
1	1	1
1	0	0
0	1	0
0	0	0

ANDゲートは論理接続詞「∧」とまったく同じ真理値表となる。「∧」のはたらきに着目するとき文の意味は重要ではないように、ANDゲートの動作にとって電流の量は重要ではない。ほとんど全てのデジタル回路は「AND ゲート」「OR ゲート」「NOTゲート」によって構成されているが、それらは論理接続詞「∧」「∨」「¬」に相応するものだ。つまり、これらはロジックに基づいた非常に強力な道具なのである。

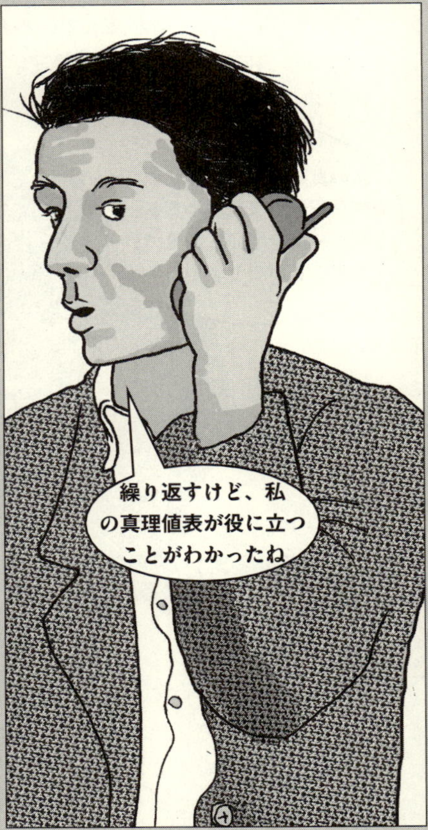
繰り返すけど、私の真理値表が役に立つことがわかったね

自動販売機

論理式が論理接続詞によって作られているように、論理ゲートは自動販売機やATM（現金自動預け払い機）などを作るのに使える。

アラン・
チューリング
自動販売機の心臓部は多数のANDゲートの塊であって、それ以上のものではありません。下の単純な図を見てください。

金額計算機は自動販売機に十分なお金が入れられたかどうかをチェックする単純な装置だ。お金が十分なときは信号「1」を、それ以外のときは「0」を出す。もし出力が「0」なら、NOTゲートはそれを反転させ、「コイン挿入」のランプを点ける。「1」を出力したらNOT ゲートは「コイン挿入」のランプを消し、各AND ゲートは1つの入力として「1」を受け取る。商品が選ばれたら、対応するAND ゲートの2番目の入力が「1」となるので、それは信号「1」を出力し、選ばれた商品を出す。

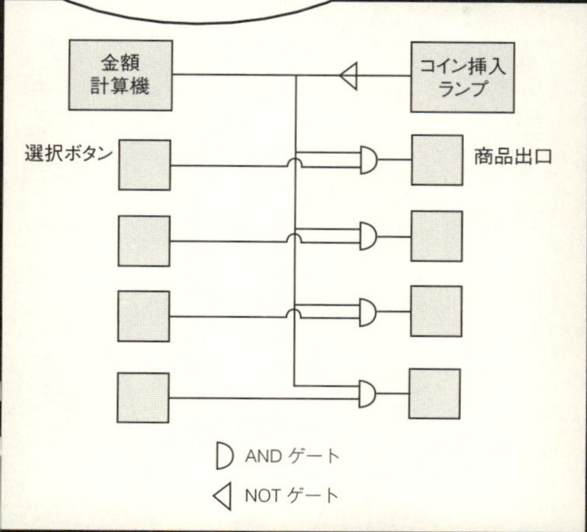
金額
計算機
コイン挿入
ランプ
選択ボタン
商品出口
AND ゲート
NOT ゲート

チューリングと「エニグマ・コード」

自動販売機の動作は、もちろん買い手の行動にしたがうものだ。だが、機械の動作全体は、ある式の証明と見なすこともできる[21]。このような考え方は論理ゲートよりも前からあって、**アラン・チューリング**（1912－1954年）がエニグマ暗号器を解読しようとしたときに使われている。エニグマ暗号器というのはドイツ軍の巧妙な暗号化装置で、第二次世界大戦中には絶対破られないと考えられていた。

ドイツ軍のしかけは規則的に暗号コードを変更するというものでした。メッセージの最初の行でどのコードかを伝えていたのですが、これはある特定の方法で作られた機械にしか解読できなかったのです。

彼は、メッセージごとに暗号を解くのではなく、考えられうるエニグマの暗号全てを解こうと考えた。彼はプログラムによって設定が変更できる機械が誕生すると予期していて、これが後のコンピュータになった。彼のアイデアが電子計算機として実現されるまでにはおよそ20年かかっている。つまり、コンピュータは巨大な論理「証明」装置に他ならない。

ユークリッドの公理的方法

真理値表は単純な電子回路を作るのによい手段だ。しかしロジックをするとなると、30行もの真理値表を使って式を証明することになり、とても見通しが悪い。でも幸い、別の手段がある。

本格的な現代ロジックで、最初に最も普及したのは、証明の「公理的」方法である。これは、全てのトートロジーが、2〜3の真なる単純な文から導出できるという考え方に基づいている。その起源は、古代ギリシャの数学者**ユークリッド**（紀元前325－前265年）にさかのぼる。

G
F
H
A
K
B
C
D
L
E
私の幾何学「原論」にある全ての主張は、基本的でかつ真である5つの単純な文から導けます。私はこれらの文を公理と呼びました。

ユークリッドの体系は今日の学校でも教えられているものだ。この体系を築いたやり方は、それがもたらす結果が非常に説得力のあるものだったために、一人歩きをするようになった。公理的方法が、公理から定理へと真理を流す「真理ポンプ」のごとく機能したからだ。このとき、全ての定理が真であるのは、公理が真であることで保証される。

私はできる限り自明な公理を選びました。公理が真であると確信が持てれば持てるほど、それらの公理から導かれた文についても真だと確信できるから。

アリストテレスは特別な数学愛好家ではなかったため、死後1000年にわたって彼の支配下にあった西洋哲学では、ユークリッドの方法が数学以外で用いられることはほとんどなかった。まずガリレオが、物理学への応用を発見し、有名な草分け的結果を生んだ。続いて、フランスの哲学者**ルネ・デカルト**（1596－1650年）が哲学に応用したことで啓蒙主義を促進した。そして、ライプニッツがロジックにおける証明法として用いるのは時間の問題でしかなかった。

私はユークリッドの体系から自分のロジックを発展させ、その後のあらゆる発展の規範となった４つの公理に基くものとした。

ライプニッツの証明法

1．最初の公理は、**「全てのものはそれ自身と同一である」**つまり**「a＝a」**という、同一性についてのライプニッツの有名な法則である。

残りはアリストテレスの規則を一部修正したものだ。

2．**「無矛盾性の法則」**とは、同時に真であり偽である文は存在しない、つまり**「¬(p∧¬p)」**である。

3．**「排中律」**とは、全ての文が真か偽のいずれかということだ。つまり**「p∨¬p」**である。

4．置換の法則とは、真理状態を保ちながらある表現を別の表現に置き換えることを可能とする、つまり**「(aはb) かつ (bはc) ならばaはc」**[22]である。

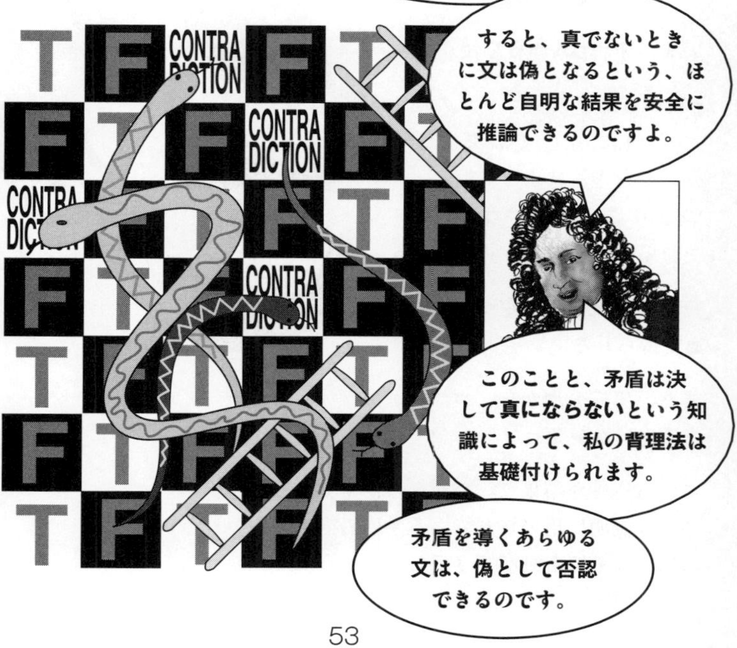
無矛盾性の法則と排中律をまとめると、ロジックにおいて定式化されるどんな文でも、真か偽のいずれか1つの真理値を有することが、保証されます。
すると、真でないときに文は偽となるという、ほとんど自明な結果を安全に推論できるのですよ。
このことと、矛盾は決して真にならないという知識によって、私の背理法は基礎付けられます。
矛盾を導くあらゆる文は、偽として否認できるのです。
T F CONTRA DICTION F T F T F CONTRA DICTION F CONTRA DICTION F T F F T CONTRA DICTION F T T F T F F T T F T F T F

矛盾の乱用

論理学者たちが矛盾を恐れるのは、それが常に偽であるからだけではない。というのは、もし矛盾が避けられないものであれば、どんな2つの文の真偽の関係もこわしてしまうからだ。なぜなら、ライプニッツの背理法によって、矛盾からは何でも証明できるからだ。

すでに$p \land \neg p$のような矛盾があるとき、好きに選んだ文qを証明したいとしよう。qは**「象はミネラルウォーターしか飲まない」**など、どんな文でもよい。次にすべきことは$\neg q$に背理法を適用することだ。

そこで、$\neg q$と仮定する。

いま、矛盾$p \land \neg p$を使う。

$p \land \neg p$はライプニッツの第二公理に反している。だから、背理法によって仮定、つまりこの場合$\neg q$が否定されることになる。

そして、仮定の否定から、$\neg\neg q$が得られる。

また、第三公理から、$\neg\neg q$が真であると、qが真となる。

これは奇妙な結果だ。なぜなら、全てのものが、つまり証明に用いられている矛盾の内容に関わりのないものでも証明できてしまうからだ。

接続詞の規則

公理的方法をいかに適用するかは、ラッセルとホワイトヘッドの『プリンキピア・マテマティカ』で成熟に達した。この本に記された体系は、数学を集合論に基礎づけるための有力候補だ。問題はその公理の多くがとても単純とはいえず、中には証明したいもの（例えば、１＋１＝２）よりも自明でないものがある。しかしながら、そこで採用された方法は改良され、今日でも用いられ「自然演繹法」[23]と呼ばれている。

論理式に新たな接続詞を導入、あるいは除去できる状況がわかれば、正しい論理式が全て組み立てられます。

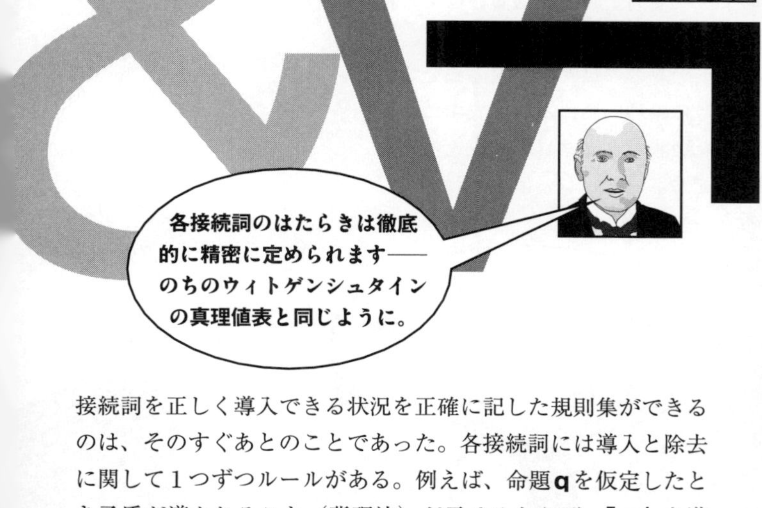
各接続詞のはたらきは徹底的に精密に定められます——のちのウィトゲンシュタインの真理値表と同じように。

接続詞を正しく導入できる状況を正確に記した規則集ができるのは、そのすぐあとのことであった。各接続詞には導入と除去に関して１つずつルールがある。例えば、命題**q**を仮定したとき矛盾が導かれること（背理法）が示せるならば、**「¬」**を導入して**「¬q」**にできる。**¬¬p**（空が灰色でないことはない）は**p**（空が灰色である）と言うのと同じことなので、二重否定が生じれば否定を２つとも除去できる。

文法への感度

このような命題計算に対する自然演繹法には多くの強みがあるにもかかわらず、アリストテレスの最初の三段論法が妥当であることさえ示すことができない。

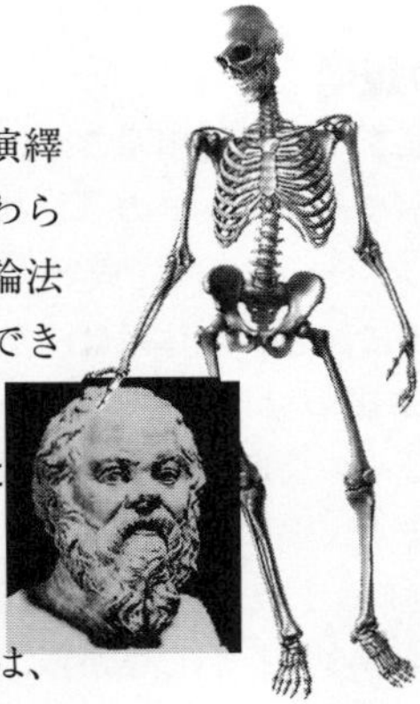

「全ての人は死ぬべき運命にある」と
「ソクラテスは人だ」から
「ソクラテスは死ぬべき運命にある」

の推移に対処できないのだ。問題は、命題計算では文をまるごと1つの記号で表すので、「全ての人は死ぬべき運命にある」が「p」となることだ。上のような文同士の論理的関係は文の言い回しに依存すると思われるので、アリストテレスの最初の三段論法を3つの記号の論理的関係として表すことはできない。たとえ、真理値表を使ったとしてもトートロジーは得られないだろう。

まさにこの理由から、私はアリストテレスによる主語と述語（対象とそれに関する事柄）の区分をロジックに再導入したのです。
実際の言葉ではなく、論理記号に、文の構造が映し出されます。

これがロジックを、議論中の文法構造への感度を鋭くするよう進化させただろう。

述語計算

ラッセルの述語計算では、小文字は対象を表す。a、b、cは特定の名が付いた対象を、x、y、zは不特定の対象を表す。大文字は述語を表す。

そして、ラッセルは量化詞を表現するために特別な記号を用いた。**「∀x」**[24]は**「全て」**を、**「∃x」**は**「少なくとも1つある」**を表す。他の接続詞は全て命題計算におけるものと同じ様に機能する。このしくみをうまく用いることで、どんな三段論法も適切に説明できる。

アリストテレス曰く、死ぬべき運命にない人はいない。
ソクラテスは人だ。
ソクラテスは死ぬべき運命にある。
われわれは次のように表す。
∀x¬(Hx ∧ ¬Mx)
Hs
Ms
Hxは「xは人だ」、Mxは「xは死ぬべき運命にある」、sはソクラテスを表わす。

命題計算の導入規則と除去規則を拡張すれば、この三段論法を証明できる。しかしあいにく、述語計算の論理式を確かめるための真理値表を作ることはできない。というのは、全称文[25]とそのもとになる文たちの真理関係を捉えられるしくみは真理値表に表せないからだ。

モデル論的意味論

述語計算では真理値表はうまく機能しないが、別の方法がいくつかある。中でも最も重要なのは、現実世界の単純なモデルを採用するものだ。そのモデルは、扱う対象と述語のリストを与えたときに、それらに関しての述語計算による文の真偽を検査する方法を提供する。

モデルは論理式に意味を付与して、与えられた状況での文の真偽を調べられるようにした。これはモデル論的意味論と呼ばれる。この方法なくしては、「PxならばQxである」のような議論が妥当であることくらいしか示せない。
モデル論的意味論を用いると、どんなモデルで「ソクラテスは人だ」が真であるかどうかがわかる。
すごい考え方だ。なぜなら、モデルを十分大きく複雑にすれば、それを思考そのものに適用できるからだ。これは人の思考を理解することや、人の思考をまねる機械を作るのに大いに役立つだろう。
人

しかし、この意味論を応用する前に、それを記述する文法体系が必要だ。この文法体系では、有限個の規則から無限個の文を作り出せるに違いない。

ヒルベルトの再帰的モデル

正確にいうと、そのような方法はヒルベルトが数学基礎論の研究の中で発達させていたものだ。ヒルベルトは数学をロジックに還元するという考え方には賛同せずに、証明論の数学版を考えていた。それは数学の命題を数学の枠組みの中で証明する方法である。ヒルベルトはそれを「証明論」と名付けた。

算術においては、正しい式は、他の正しい式をもとにして、ある規則にしたがって得られます。1＋1から1＋1＋1が得られるように。
＋
と
この点で算術は、「と」という言葉を使い続けられる日常語と同じようなものです。

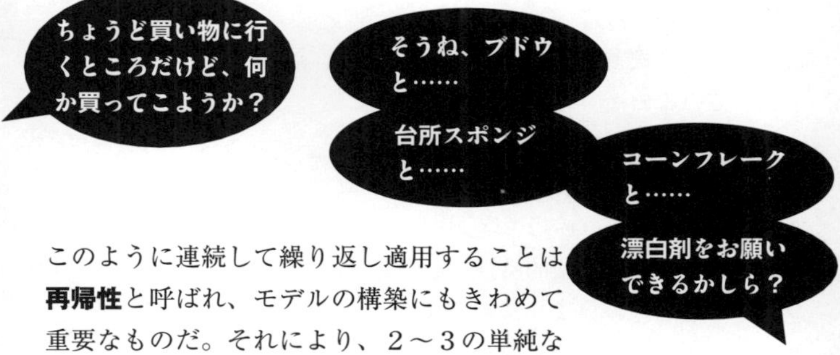
ちょうど買い物に行くところだけど、何か買ってこようか？
そうね、ブドウと……
台所スポンジと……
コーンフレークと……
漂白剤をお願いできるかしら？

このように連続して繰り返し適用することは**再帰性**と呼ばれ、モデルの構築にもきわめて重要なものだ。それにより、2〜3の単純なルールと有限個の語彙からも無限個の文が作れるのだ。

ヒルベルトには、自ら形式主義と称する数学観があった。その思想は、数学が語っているものは記号にほかならないというものである。記号それ自体は無意味なものであって、それを本当に理解するのは扱い方を覚えるときなのだ。彼は記号間でおこりうる相互作用を説明するために再帰的規則を与えた。

最も有名な数学的実在は数である。正の整数は全て２つの単純な規則から作ることができる
「１は数だ」
「どんな数に１を足してもそれは数だ」

数学では正の整数とゼロからあらゆる数を作る方法が知られている。そのため、この２つの規則があればどんな数を作ることもできる。ヒルベルトの規則は単純で具体的だ。要するに、語彙と統語論からなる形式言語のように数学を扱っているのだ。統語論では、何を意味するかの手がかりが無くても、その言語の文を作ることができる。語彙というのは、名詞や動詞などといった文法的特性をもつ無意味な記号の集まりに過ぎない。たとえそれが何の名前か知らなくても、名詞に動詞を組み合わせれば完全な文ができるだろう。

以下の表現のみからなるモデル言語を考えてみよう。

「名詞」	**「述語」**
ホモ・サピエンス	進化した
ホモ・サピエンス・サピエンス	
ホモ・エレクトス	
ホモ・ハビリス	

そして、ここで用いる文法ルールは次のような簡単なものだけ。

1.「文」＝
「名詞」は、「名詞」に「述語」

2.「文」＝
「名詞」が「述語」という「文」

最初のルールは『「名詞」は、「名詞」に「述語」』という正しい形で「文」を組み立てる方法を示している。

たとえば、**『ホモ・サピエンスは、ホモ・ハビリスに進化した』**などである。

第2のルールは、すでに存在している「文」の前に『「名詞」が「述語」という』を加えて、新たな「文」を組み立てる方法を示している。

例えば、**『ホモ・レクトスが進化したというホモ・サピエンスは、ホモ・ハビリスに進化した』**などである。

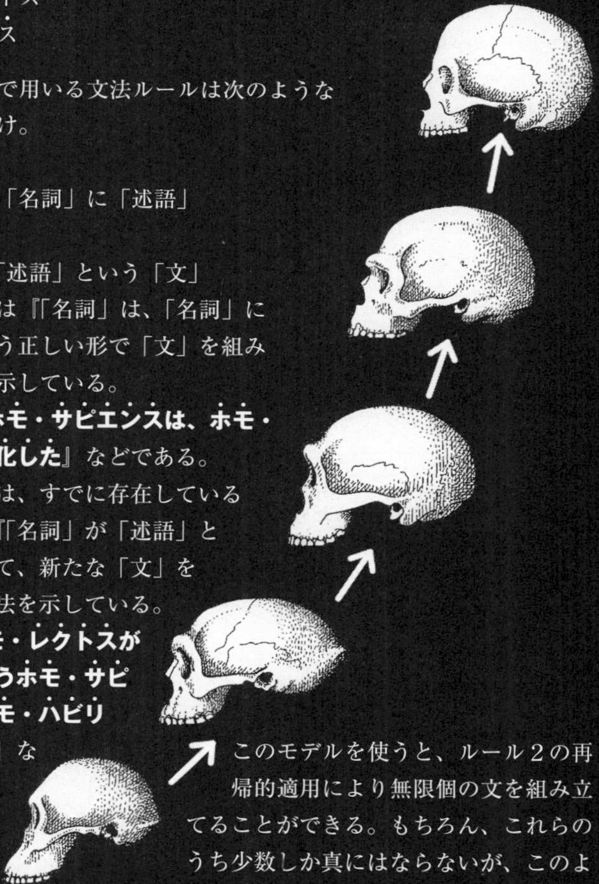

このモデルを使うと、ルール2の再帰的適用により無限個の文を組み立てることができる。もちろん、これらのうち少数しか真にはならないが、このようなよくある図式もロジックの一つの応用であることははっきり言っておくべきだろう。

無限生成のための有限ルール

アメリカの哲学者**ドナルド・デイヴィッドソン**（1917－2003年）は、意味論モデルとのギャップを埋めることで、この考え方を全ての自然言語に適用できると提案した。

「文の意味が単語の意味にどう依存するか納得のいく説明が必要だ。こうした説明ができなければ、その言語を習得できるという事実も説明がつかないだろう。つまり、有限の語彙と有限的な記述をもつ規則を習得するだけで、無限の文を生成しかつ理解する準備ができるという事実に説明がつかないわけだ」（「真理と意味」、1966年）

「と」のような言葉を使い続けるのならば、英語のような言語は潜在的に無限だ。

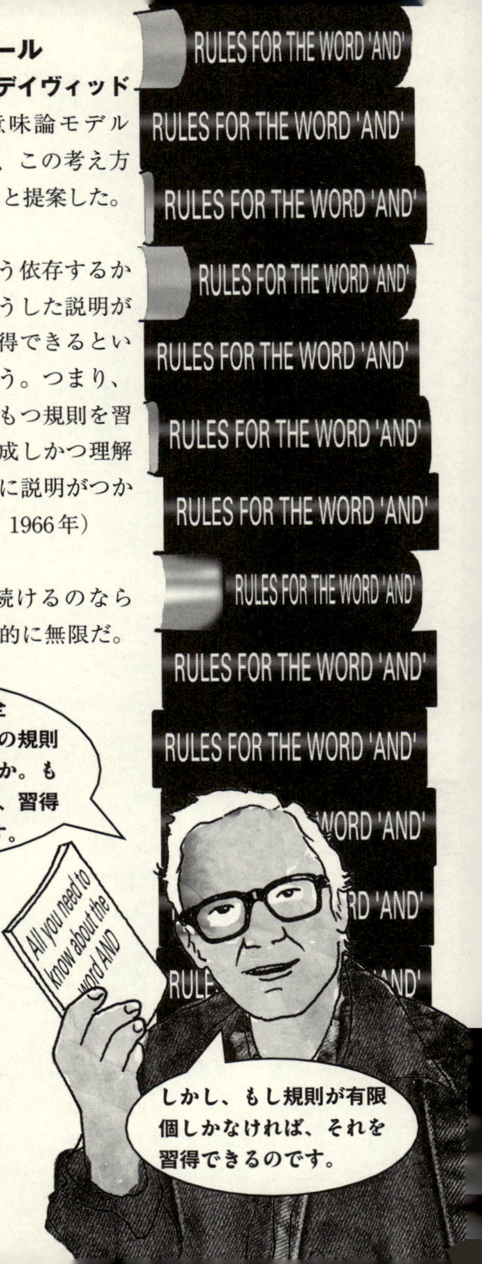

「と」という言葉の全ての使い方を決定するための規則は有限になるか無限になるか。もし規則が無限個あるならば、習得することは不可能です。
RULES FOR THE WORD 'AND'
All you need to know about the word AND
しかし、もし規則が有限個しかなければ、それを習得できるのです。

無限個の文を作るためには、規則が再帰的に適用されるに違いない。デイヴィッドソンは英語などわれわれが日常使っている言語は巨大なモデルによって記述できると結論づけた。つまり形式言語の自然言語への応用は哲学のお墨付きをもらったわけだ。

単純な説明

もしデイヴィッドソンの説が正しければ、言語はレゴに似ているといえるかもしれない。言語は正しく連結しなければならないブロック（単語）からできている。あるブロックをどうやって別のブロックにつなげるかの説明は、結局、全ての可能なレゴ構造を組み立てるための説明になっている。

デイヴィッドソンが本当に興味をもっていたのは、個々の単語の意味が文の意味にどのくらい影響するかだ。例えば下の文「私はゆっくり歩いた」は

「私が歩いたという事象があり、かつその事象はゆっくり起こった」と分析できる。

（ヨx）（Wx&Sx）。

こうして分析した文をもう一度ながめてみると、主語と述語からなる単文２つが、連言（かつ）によって結ばれていることがわかる。

デイヴィッドソン式の説明には重要な長所が２つある。１つは、それが彼の学習可能性条件にうまく合致すること。もう一つは、自然言語に対する私たちの直観的理解を保持するような説明になっていることである。例えば、**「私は歩いている」**というのは、**「ゆっくり私は歩いている」**の当然の結果としていえることだ。なぜなら、証明論では**「Wx」**は**「Wx∧Sx」**の当然の帰結となるからである。

デイヴィッドソンは、言語の様々な要素をこのような論理形式に分解することに10年以上を費やした。

証明論と形式言語

デイヴィッドソンは、形容詞、副詞、前置詞をすべて、珠数つなぎの述語と考えることを推奨した。これは、こうした言語学用語に対するラッセルの分析とは対照的である。

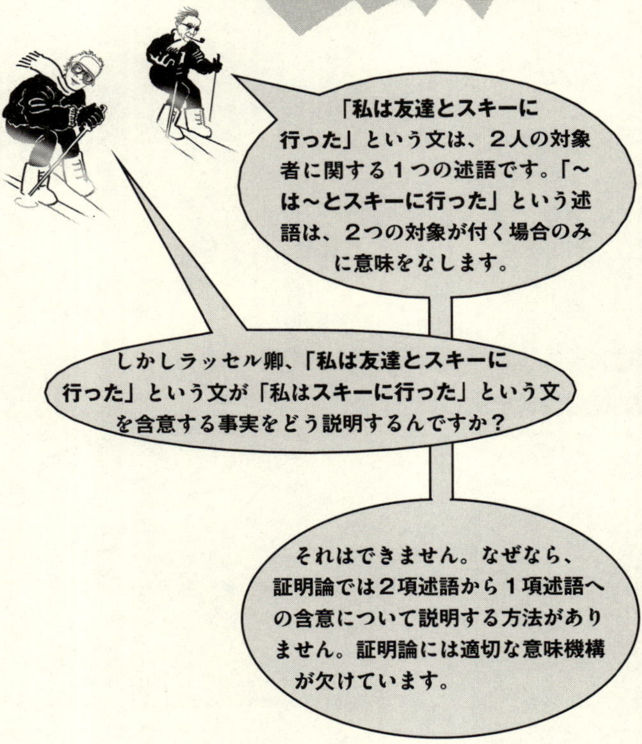
「私は友達とスキーに行った」という文は、２人の対象者に関する１つの述語です。「～は～とスキーに行った」という述語は、２つの対象が付く場合のみに意味をなします。
しかしラッセル卿、「私は友達とスキーに行った」という文が「私はスキーに行った」という文を含意する事実をどう説明するんですか？
それはできません。なぜなら、証明論では２項述語から１項述語への含意について説明する方法がありません。証明論には適切な意味機構が欠けています。

それだけではなく、日常語では果てしなく話を長引かせることもできます。たとえば、「私は友達と冬に寒いアルプスにスキーに行った……」とか。ラッセル卿、あなたの説明では、後に続く言葉の一々に新たな述語が必要になります。すると潜在的に無限個の述語が必要ですが、それを覚えるのは不可能でしょう。
もし接続詞によってつながれた述語の列を使って私のやり方で文を組み立てるなら、それら全ては単純な再帰的規則で説明できます。

基本的にデイヴィッドソンは日常語を形式言語として理解しようと試みている。そのためには、どんな条件の下で日常語の文が真になるかを決定する方法が必要だ。

デイヴィッドソンはバークレーの同僚**アルフレッド・タルスキ**（1902－1983年）によって開発された形式言語における真理の定義を取り入れた。タルスキは形式言語と形式言語について語るための言語（メタ言語）との違いを明確にした。

タルスキの真理条件

タルスキは、調べている形式言語の文がいつ真になるかを示す条件を規定した。結果は驚くほど単純なものだ。

Sが真なのは、pの場合でその場合に限る（★）
「〜は真となる」という述語は形式言語の中ではうまく適用できない、それは形式言語の文について何かを語るものだから。

タルスキのスキーム（式★）では、**「S」**は形式言語の文で、**「p」**は**S**をメタ言語に翻訳したものである。メタ言語が日本語で、形式言語が日本語の文を含んでいるとしたら、**「雪は白い」**といえるのは、雪が白い場合でその場合のみとなる。

タルスキのスキームは、外国語の真理条件を表してみれば、多少自明ではなくなる。英文の**「Snow is white」**が真となるのは、雪が白い場合で、そしてその場合のみだ。このスキームは、英文に意味を与えるのに使えるだろう。

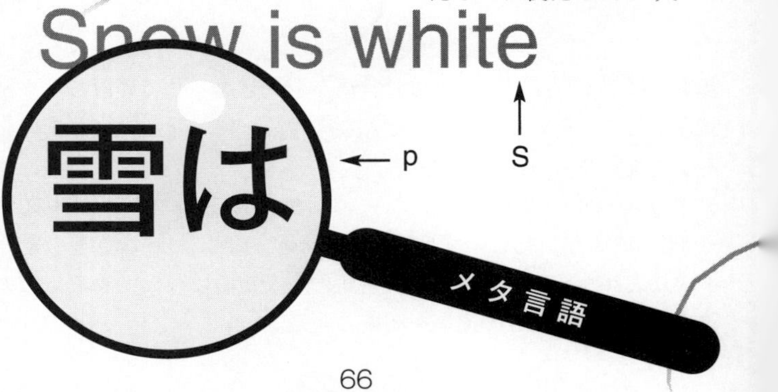
Snow is white
雪は
← p
S
メタ言語

デイヴィッドソンはこう考えた。自然言語についての私たちの理解も、タルスキのスキームのような形をとるある文のリストを理解することと説明できるだろうと。

Snow is white
if, and only if,
Snow is white
そうした文のリストがあれば、私たちが自然言語をどう理解しているか説明できます。なぜなら、文が真となる条件がわかれば、その文をどう使うか理解できるからです。

つまり、デイヴィッドソンによると、

「『雪は白い』が真となるのは、雪が白い場合でかつその場合に限る」

というような見た目は単純なものでも、とりあえず意味の理論として十分に機能する。文の真理条件がその構成要素の真理条件にどう依存しているかを示そうとする彼の企てに、この理論を結びつければ、自然言語のあらゆる文の真理条件を解明するための土台ができるのだ。

実践での形式意味論

形式意味論の実用的な利点は、形式的に定義された言語に応える機械、つまりコンピュータを私たちが作れるということにある。

どんなコンピュータ言語も、語彙と、その言語で正しい文を作る方法を定める規則からできています。そして、その言語で書かれたあらゆるプログラムは規則にのっとった正しい文で構成されています。

これはコンピュータのみに適用されるものではない。現代の素粒子物理学は、量子論が提供するモデルを伴いつつ、形式言語のなかで行われているといえる。私たちは、光子や電子など、そのモデルで使われる用語がモデルの外で何を意味するかわからないことがよくある。電子を直接目にすることは決してない。それが何であるかは性質によって定義され、科学者の提唱するモデルにおいて形式的アイデンティティが構築されているのだ。そのモデルにおける粒子間の相互作用は、粒子の振る舞いを支配する構文論的ルールと見ることもできる。物理学の成果は、そうしたモデルが実験的な結果と一致するのを示すことである。

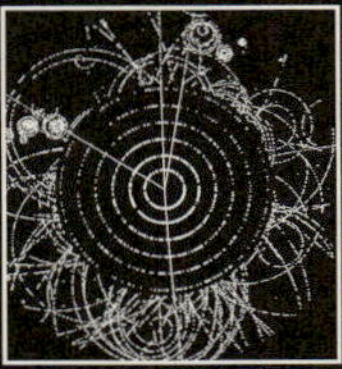

メロドラマを構成する

形式言語を創作することで、ほとんどあらゆるものをモデル化することが可能だ。典型的なメロドラマの筋書きを構成するなら、こんなものになる。

述語	登場人物	接続語
死ぬ	ビリー・アン	そして
不倫している	エスマレルダ	または
破産者である	ズリカ	なぜなら〜（から）
	ジュアン	
愛している	ジョン・ボブ	
嫌いだ	エリック	
〜と不倫している	ドウェイン	

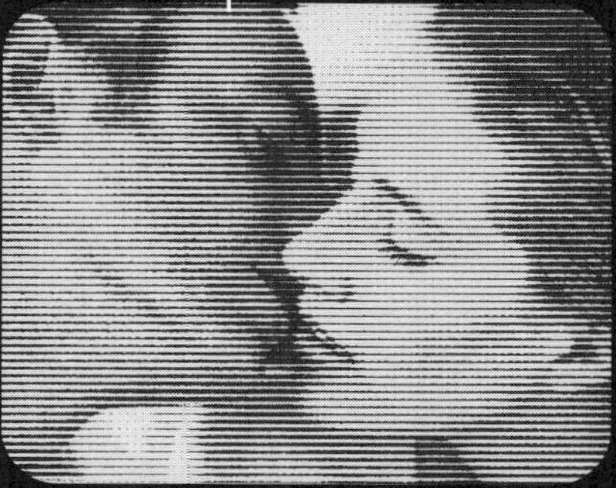

1人の登場人物について使う**「不倫している」**という述語と、2人に使う**「〜と不倫している」**という述語の違いに注目しよう。それらは別々の組み合わせのルールを必要とする。ここでの接続語は必ずしも述語計算と同じように「ロジカル」である必要はないが、この言語における各々のはたらきは完璧に定義されている。正しい形の文は以下のルールで作られるとしてもよいだろう。

1．１項述語の場合：「文」＝「名詞」は「述語」
2．２項述語の場合：「文」＝「名詞」は「名詞」を「述語」
3．接続語：「文」＝「文」、「接続語」「文」[26]

これらのルールから理論的には無限の文が得られる。例えば、**「ジュアンは破産者である」**、**「ビリー・アンはエリックを愛している」**、**「ジョン・ボブは死ぬ、なぜならエスマレルダがズリカと不倫している（から）」**などだ。

AIメロドラマのプロローグ（Prolog）

どのコンピュータ言語も形式的言語なのだが、その本質がよりはっきりしているものとそうでないものがある。多くのコンピュータ言語において語彙と文法があらかじめ定められているのに対し、Prologのような言語ではコンピュータが自らのプログラミングを成長させていくことが可能だ。

この発想は、機械には学習や自己修正、コミュニケーションのスキルがあるに違いないという私の考えから生まれたものです。
人工知能（AI）を構築しようとするほとんどの試みが、この発想に基いています。
PROLOG

Prologのアイデアは単純だ。コンピュータにはメロドラマ言語と似ているがもう少し複雑なモデルが与えられる。語彙はコンピュータが使う言葉とコンピューターを使う命令からなり、コンピュータはその語彙にもとづき特定の任務を設定できる。また、コンピュータは自身が持たない語彙を見分けて、それを自分のものにすることもできる。

Prologの語彙は、述語と引数の名を組合せた文で表す「事実」からできている。たとえば、**「月に行った（ニール・アームストロング）」**や**「月に行った（バズ・オルドリン）」**など。
そして、構造を与えたり、ある事実を他の事実に結び付けたりするために、一連の規則が加えられる。例えば、

「月に立った最初の人はニール・アームストロングだ」

であれば、次の規則を加える。

「月に立った最初の人（x）:- x = ニール・アームストロング」[27]。

最後の構成要素は、質問の形をとり、それで機械に任務が下る。例えば

「？　月に立った最初の人」[28]

には次のように答えるだろう……

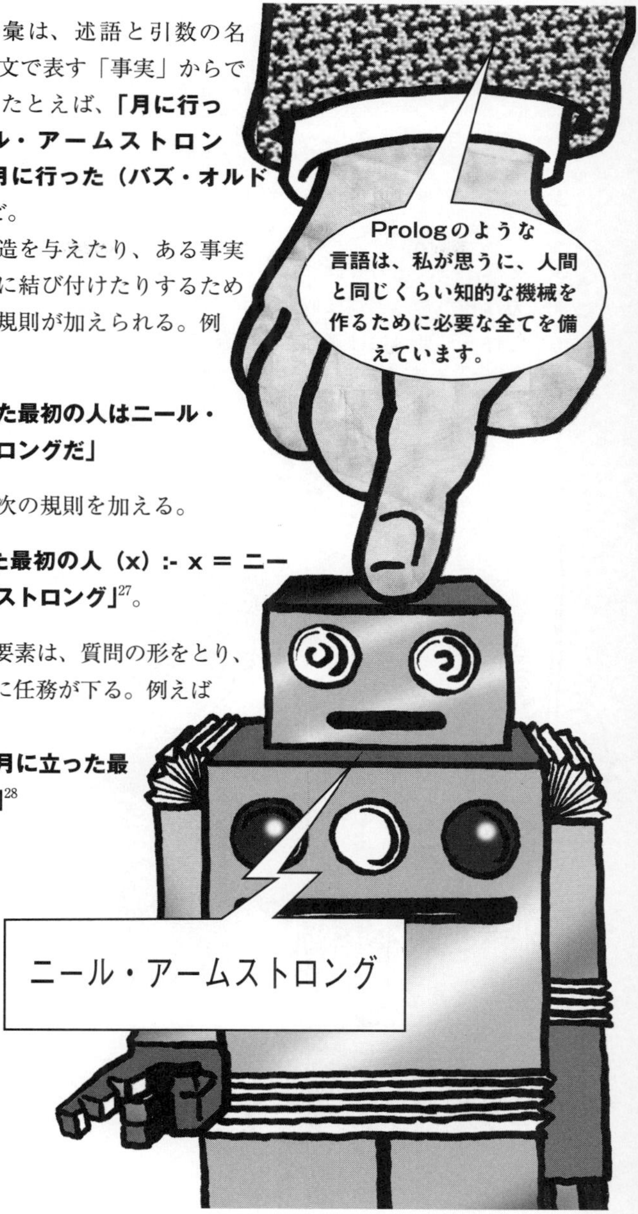

Prologのような言語は、私が思うに、人間と同じくらい知的な機械を作るために必要な全てを備えています。
ニール・アームストロング

チューリングのAIレシピ

知的な機械を作るために、私たちが必要なのは……

1. 現実世界を表すのに十分豊かな語彙をもつモデル。
2. このモデルは現実世界の像を作るのに使われる。ここでは少々の自己学習が役に立つかもしれない。
3. それから、入力装置と出力装置を組み合わせる必要がある。入力は私たちの感覚に似た装置で構成されるはずで、出力は先ほど作った世界像に適した行動反応で構成される。

うまくできれば、これは皆さんの隣人と区別がつかないものになりますよ。
DICTIONARY

チューリングは機械が形式言語のようなものでプログラム制御できることを示しただけでなく、最初のデジタル・コンピュータを作る道も切り拓いた。情報を電子的に蓄えるのに真空管が使えることを発見したのもチューリングである。それ以前には、全ての計算機械は文字通り機械的であったが、真空管の導入により歯車は電子機器に取って代わられた。そして今日、真空管はトランジスタに代わったが、原理は変わらないままだ。

チューリングは1954年に自殺した。彼を自殺に駆り立てたのはおそらく、イギリスの法制度による非人道的な扱いだ。第二次世界大戦の勝利に彼が甚大な貢献をし、コンピュータやAIについての素晴らしい業績を築いたにもかかわらず、1952年にチューリングは「目にあまる不謹慎(gross indecency)」、要するに同性愛者であることで裁判にかけられた。

私は罪を認めたために収監は免れましたが、執行猶予期間に化学去勢法としてエストロゲン注射療法を強制されたのです[29]。

パラドクスの問題

ロジックといえば何でも、一見無味乾燥で正体がはっきりしないものに見えるが、証明論も例外ではない。論理的証明の方法として応用するとしても、実用性はかなり限定的であるように見える。だがそれは多くの科学、数学やコンピュータ技術といったものの骨組みを形成しているのだ。証明論の長所の１つは、ある種の記号列に適用される度にくり返し可能な結果が保証されることで、これを用いてほとんどの科学実験よりも多くのことが言える。ところが、もし当該の記号列が矛盾を含んでいると、この方法の有効性は崩れ落ちる。矛盾からはあらゆるものが生じてしまうからだ。

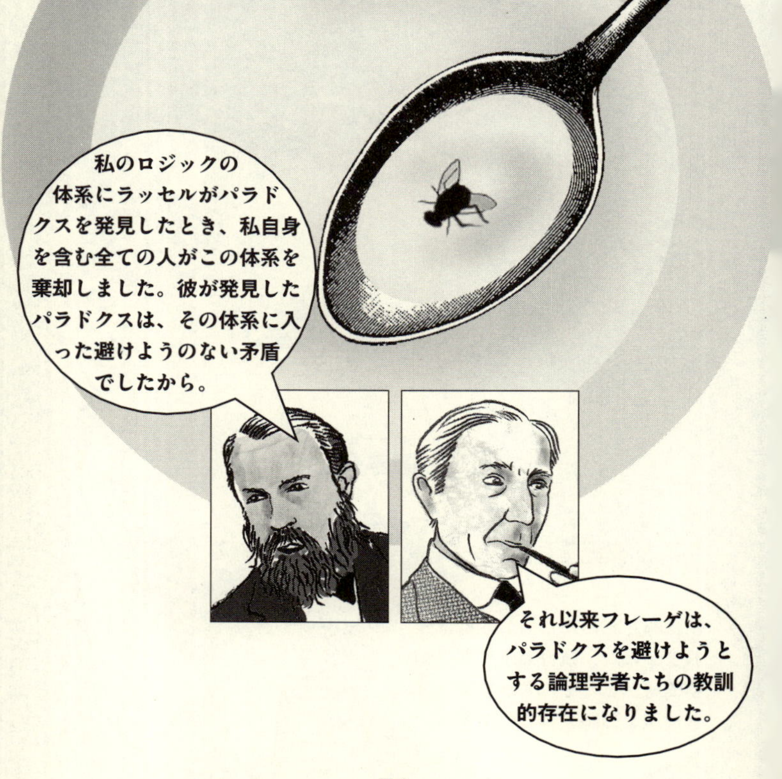
私のロジックの体系にラッセルがパラドクスを発見したとき、私自身を含む全ての人がこの体系を棄却しました。彼が発見したパラドクスは、その体系に入った避けようのない矛盾でしたから。
それ以来フレーゲは、パラドクスを避けようとする論理学者たちの教訓的存在になりました。

パラドクスはそれ自身の否定を含意する文だ。これは論理学者にとっての悪夢だ。なぜなら、その文が真であると仮定しても、偽であると仮定しても、どうしても矛盾にたどりついてしまうからだ。これでは無矛盾性の法則（同時に真であり偽になりうる文はない）を保持し難い。「パラドクス」の語源はギリシャ語[30]で、それなりの存在意義をもつ。理性が絶対的な知識を導くことはないと示そうとした古代ギリシャの懐疑論者たちにとって、パラドクスは重要な武器だったのだ。こうした厄介な哲学者の中でも特に悪名高いのは**エレアのゼノン**（紀元前495頃－前430年頃）だ。

たぶん一番有名なギリシャのパラドクスは「ウソつきのパラドクス」で、その一番簡単なものは……

この文は偽である。

ここで問題になるのは、もしこの文が真であれば、偽でもあることだ。また、もしこの文が偽であれば、それは真になるはずだ。つまり、真と偽のどちらに仮定しても、矛盾になる。これは様々な自己言及パラドクスの中でもとりわけ悪名の高いものだ。「自己言及」と呼ぶのは、自分自身について語っている文だからである。

パラドクスは避けられるのか？

パラドクスは、ライプニッツやフレーゲ、ラッセルの論理体系に深刻な問題を提起した。きわめて単純な体系の中にもパラドクスによる矛盾を形式的に取り込める。論理学者たちは様々な方法でウソつきパラドクスを避けようとしたが、どれも納得のいくような結果にはならなかった。

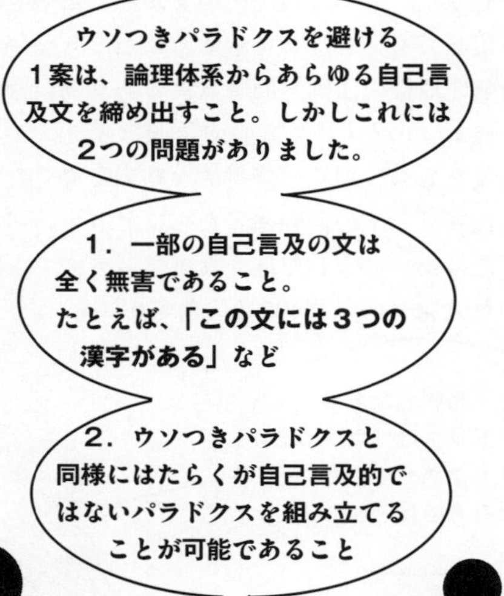
ウソつきパラドクスを避ける1案は、論理体系からあらゆる自己言及文を締め出すこと。しかしこれには2つの問題がありました。
1．一部の自己言及の文は全く無害であること。たとえば、「この文には3つの漢字がある」など
2．ウソつきパラドクスと同様にはたらくが自己言及的ではないパラドクスを組み立てることが可能であること

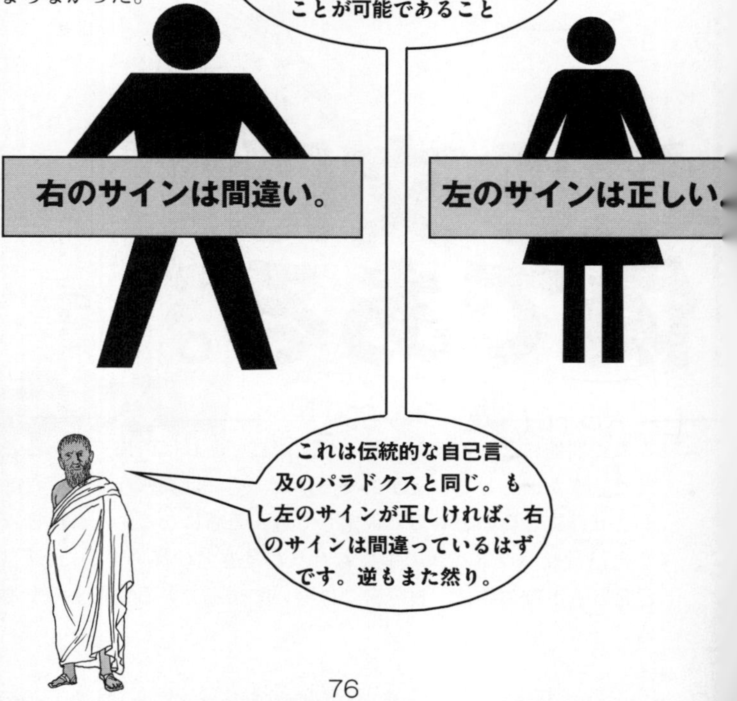
右のサインは間違い。
左のサインは正しい
これは伝統的な自己言及のパラドクスと同じ。もし左のサインが正しければ、右のサインは間違っているはずです。逆もまた然り。

型の理論

フレーゲを窮地に追いやったのは、おおよそ集合論の言語にウソつきパラドクスを再び組み込んだものだ。ラッセルにしたがって、自らが自身の要素にならない集合を集めた集合を考えてみよう。彼が提示した疑問はこの集合が自身の要素であるかどうかだ。するといつものパターンになる。もしそれがその集合の要素であれば、それは自らの要素ではない。また、それが自らの要素でなければ、その集合の要素になる。ラッセルはこの問題に立ち向かうために複雑な論理装置を考え出した。

ロジックにおける仕事のほとんどはこの装置の開発に捧げられた。私はそれを「型理論」と呼んだ。
私たちは型の違う集合を区別すべきだ……。
要素が対象である集合、要素が集合である集合、など。さらには、要素が集合の集合である集合というような構成をどこまでも続けることができる。
MEMBERS OF SETS
SETS OF SETS
OBJECTS
SETS OF SETS

同様に述語についても、対象について語る述語だけでなく、たとえば「美しいことは危険なことだ」のように述語について語る述語なども用いられている。

ラッセルの理論では、型をまたぐことを禁じれば彼のパラドクスは解決すると論じる。問題となる集合は、集合からなる集合であり、その要素となる集合とは型が違うから、型を越えることを認めなければ、パラドクスが起きることはない。
しかし、この解決法をウソつきのパラドクスに適用してみると、こうして無限個の型を用意しても十分でないことがわかった。ラッセルは**「この文は偽である」**を分析して、次の２つの文からできていると気付いた……

1

これは文である。

その対象が文であることと、

2

これは偽である。

その文が偽であること。

ラッセルによれば、**「これは真である」**は文について述べる述語であるが、すると述語とその対象（主語）について述べていることになる。

単純な型の理論における問題は、ウソつき文が２つの異なる型の述語をもっていることです。これは手に負えません。

ウィラード・ヴァン・オーマン・クワイン（1908－2000年）

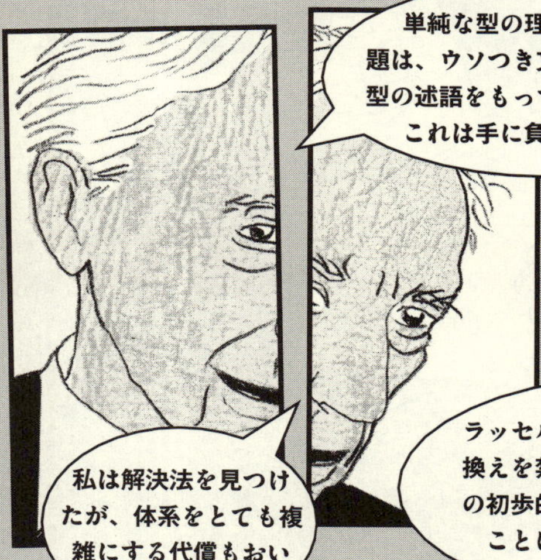
私は解決法を見つけたが、体系をとても複雑にする代償もおいました。

ラッセルの新しい体系は型の乗り換えを禁止し過ぎたので、集合論の初歩的な命題さえ証明できないことになってしまいました。

タルスキによるウソつき文の解決

タルスキは「研究対象」の言語と「メタ言語」を区別することでうまくウソつき文を処理できると考えた。なぜなら、「真である」と「偽である」はメタ言語の述語だからだ。

ウソつきが「この文は偽である」と言うとき、その人は「偽である」という述語の使い方を間違えている。それを目的言語の一部として扱っているのだ。しかし、本当はメタ言語にしか適用できないのだ。

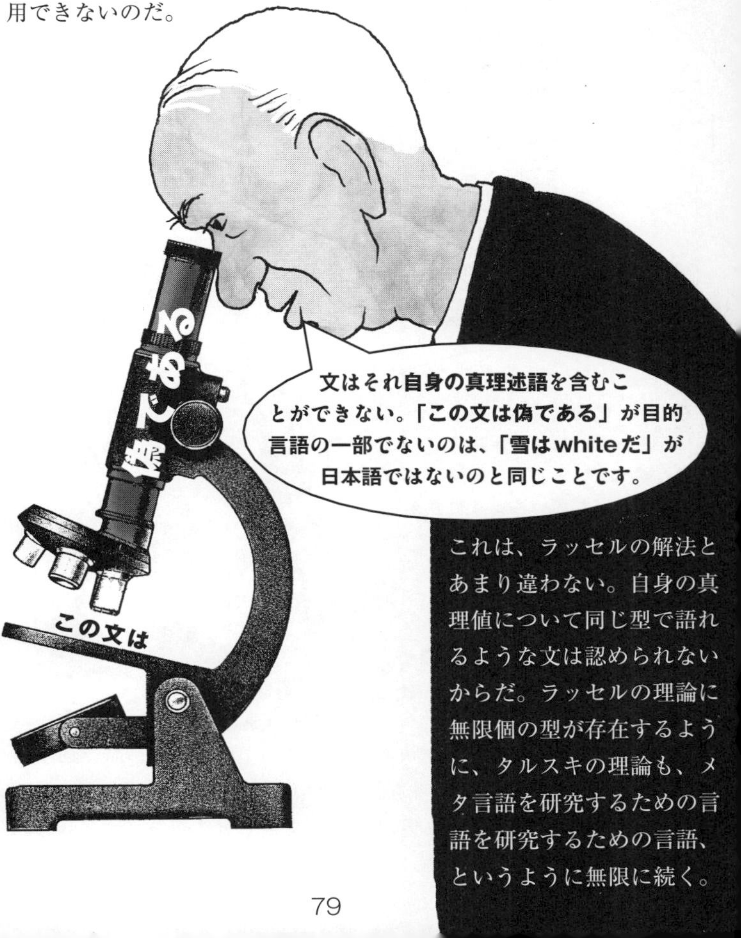
偽である
この文は
文はそれ自身の真理述語を含むことができない。「この文は偽である」が目的言語の一部でないのは、「雪はwhiteだ」が日本語ではないのと同じことです。

これは、ラッセルの解法とあまり違わない。自身の真理値について同じ型で語れるような文は認められないからだ。ラッセルの理論に無限個の型が存在するように、タルスキの理論も、メタ言語を研究するための言語を研究するための言語、というように無限に続く。

追い払えないパラドクス

ウソつき文がラッセルにとっての問題であったように、「次の文は偽である。前の文は真である」のようなパラドクスはタルスキにとっての問題となった。１つの文がメタ言語と、メタ言語のためのメタ言語の両方に属しているように見える。

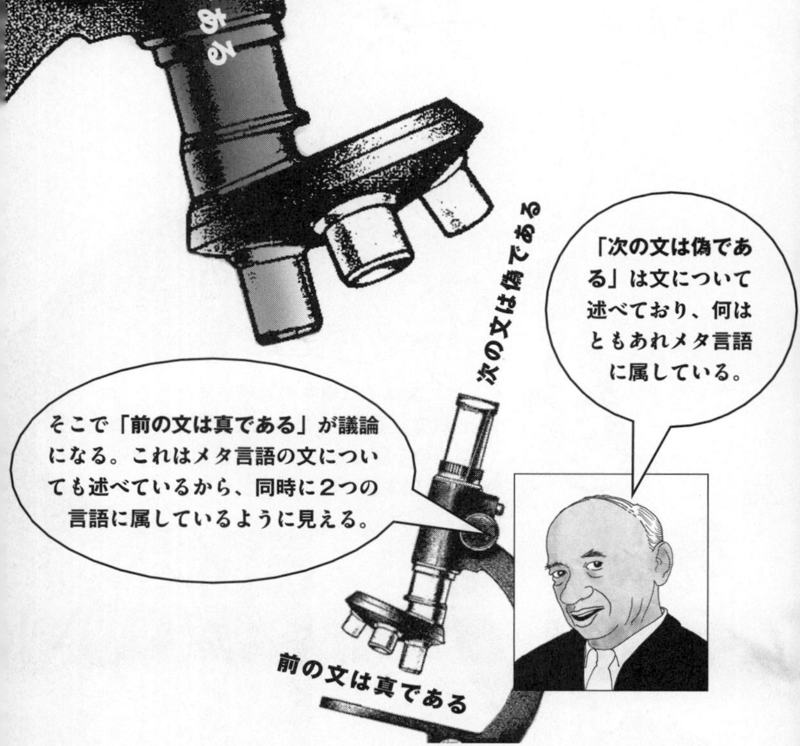
前の文は真である
次の文は偽である
「次の文は偽である」は文について述べており、何はともあれメタ言語に属している。
そこで「前の文は真である」が議論になる。これはメタ言語の文についても述べているから、同時に2つの言語に属しているように見える。
前の文は真である

ウソつき文は重大な未解決パラドクスの１つであり、時々新手の解決案を生み出しながらも哲学者や論理学者を苦しめ続けている。また、それは異なる時に異なる文脈で突然顔を出すというおかしな習性ももっている。

「非自己叙述的」という言葉を知っているかい？

叙述している内容に自らが適合しないような表現のことだろう。例えば、「長い」は長くなく、「大きい」は大きくない、とか。

では「非自己叙述的」という言葉自体は非自己叙述的か、どうだろうか？

もし非自己叙述的でなかったら、その言葉は、自らをそう述べているものだから、非自己叙述的になってしまうね。

では、非自己叙述的だったら？

この言葉が述べている内容とは違うものになるから、非自己叙述的でないということだ。

いずれにしろ、非自己叙述的であって、かつ非自己叙述的でないことになる。パラドクスだね。

非自己叙述的

ゲーデルの不完全性定理

自己言及パラドクスの現代版で最も大きな影響力をもつのがゲーデルの不完全性定理だ[31]。それが1931年に最初に発表されたときには、ほんの一握りの人しか理解できなかった[32]が、その背景にある考え方が特別難しかったわけではない。この定理は科学、数学、そして哲学に大きな波紋を投じた。ゲーデルはロジックやメタ数学の文を数で表す（コード化する）という独創的な考えを思いついた。彼はラッセルの論理体系に用いられる全ての記号に自然数を割り当て、次にそれらの数を計算式に代入し、あらゆる記号列に固有の数が割り当てられるようにした。

私はヒルベルトの研究に基づき、再帰法で算術の無矛盾性を証明する彼の計画に貢献しようとしました。しかし、なんと、初期段階で、その証明はできるはずがないと気付いてしまったのです。

ゲーデルの方法では、まず次のように上段の各記号に下段の数を割り当てていく……。

P	∨	¬	P
112	2	1	112

すると、論理式 P∨¬P に割り当てる固有の数を作ることができる[33]。

この方法を使って
ラッセルの体系の論理式で、
「この論理式は証明できない」という意味のものに対応する数が作れることを示しました。
112
2

一旦このような式が得られれば、あとは2つの場合のどちらかにおちつく。最初に、この文が真だと仮定しよう。するとラッセルの体系には、証明できない真の文があることになる。つまり、ラッセルの体系は不完全だ。次に、この文が偽であるとすれば、証明可能であることになる。しかし偽の文が証明可能であるなら、ラッセルの体系は健全でなくなる。

ゲーデルの定理の結末

２つの選択肢のいずれもラッセルやヒルベルトには望ましいものでなかった。彼らは、数学の真の文の全て、そして真の文だけを導出する体系を構築しようとしていたからだ。今や彼らはこのゴールが原理的に到達不可能であるという事実に直面した。

私は、ヒルベルトのプログラムに沿い、数学の基本部分は一連の公理によって形式化できると考えて研究してきました。でも、私の定理はその基本部分で既に成り立つ。つまり、基本的な算術でさえ不完全であるか健全でないかで、言い換えれば、ある正しい計算が証明できないか、ある間違った計算が証明できるかなのです[34]。

ARITHME

ゲーデルの定理は、算術に限らず、語の連結演算をもつような形式言語[35]に対しても適用できる。続けて、ゲーデルは数学が本質的に不完全であること[36]、つまり公理系をどう定めようと算術の全ての真理は導けないことを証明する[37]ところまで進んだ。どんな公理系にも証明されない真の命題があるという結論[38]は、数学を確固とした基礎の上に置きたいと考える人々にはとても憂うべき事態だった。

ゲーデルは、全ての数学を単純かつ厳密な公理系から引き出そうとした19世紀型の夢にとどめを刺した。ロジックはもはや数学を基礎付けることを目標とするものではなくなった。

しかし、数学者の日々の活動にとって、これはそんなに悲劇的な知らせではありません。体系の完全性を犠牲にして無矛盾性をとれば、数学の命題のほとんどはそのまま作り続けられるからです。
私のプログラムは破滅的な打撃を受けましたが、私の方法は数学の新しい分野を形式化し公理化することに使われ続けています。私自身、量子力学の奇妙な世界を扱うための数学体系を考案し、それは今日ヒルベルト空間と呼ばれています。

停止問題

ゲーデルの定理を計算に応用すると別の事実が生まれる。彼の数表現を使えば、数学の形式的概念はどれも単純な計算に変換でき、どの論理式にも固有の自然数が対応する。従って、証明も反証もできない論理式があれば、計算不可能なもの（関数や実数）も存在することになる[39]。

コンピュータは数値計算を行う機械です。形式論理をもとにプログラムを動かすことを可能にしたのは、基本的に私の開発した数値技術です。
ABORT

理想のコンピュータでもほとんどの実数が計算できないことを数学的に証明できます。7のような有理数よりもπのような無理数が多く存在するからです[40]。

上のように、ゲーデルの不完全性定理はコンピュータにも適用されている。計算不可能な実数[41]は、うまく結果が出せないプログラムともみなせる。ゲーデルの不完全性定理は、任意のプログラムと入力でコンピュータがうまく結果を出力して停止するかどうかを有限的に判定するプログラムがないことを意味している。これは「停止問題」として知られている。そのようなプログラムがあれば、全ての実数を正しく計算できる体系と同じで、それは不可能だ。

ゲーデルの証明の限界

適用範囲の広いゲーデルの証明でも使えない場合がある。ヒルベルトの方法が算術の無矛盾性と完全性を証明するために絶対に使えないわけではない。ただそのような証明があっても算術の中で表現しえないということだ。真であっても、現在までその証明の構成法はもちろん、それがどのようなものなのか誰も知らないわけだ。
神秘的な直観が説得力ある証明に取ってかわるべきだと示そうとした人もいるが、ゲーデルの証明を使ってもそのようなことはいえない。人間の理性がヒルベルトの規則に従うかどうかは誰もわからないため、人間の理性に限界があることの証明にもならないのだ。

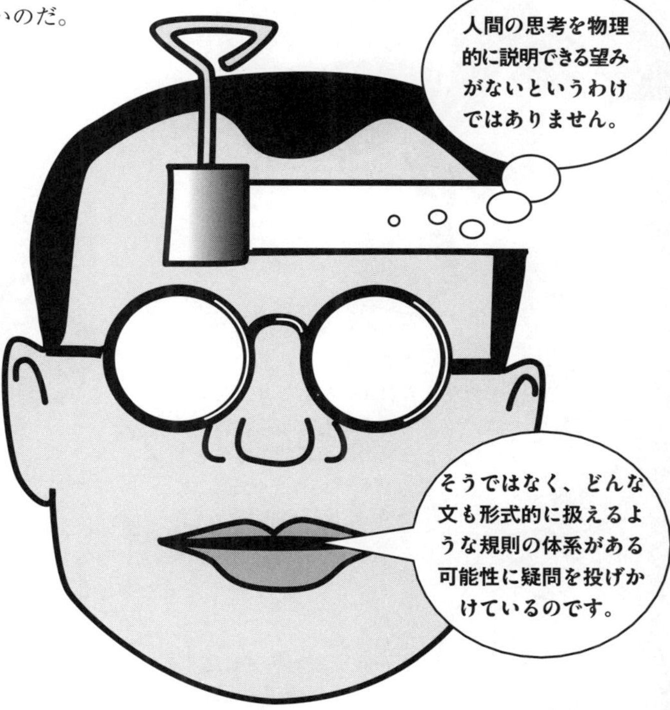
人間の思考を物理的に説明できる望みがないというわけではありません。
そうではなく、どんな文も形式的に扱えるような規則の体系がある可能性に疑問を投げかけているのです。

ゲーデルの不完全性定理は、今や学部１年生の倫理学の授業でも教えられている。

ゼノンの運動パラドクス

パラドクスには自己言及的でないものもあり、中でも有名なものはエレアのゼノンによって考案された。ゼノンは運動が不可能なものであることを示そうとした。何かが動いているように見えるのは私たちを騙している感覚なのだという。この興味深い主張の主要な点は、もし運動が存在するなら、矛盾になることを示すことであった。

伝説のヒーローのアキレスでも決して、あのカメを捕まえられないでしょう。というのは、カメを捕まえるために、彼はまず自身とカメの間の距離の半分を進まなければいけません。
それから、残り半分の距離を進むことになるでしょう。そしてまた半分と、無限に。
彼はカメに届くまでに無限の時間を使うことになります。

ゼノンは真なる前提からこの結論を得たと主張するだろう。AからBへとたどり着くのにまずは半分の距離を進まなければならないことを誰が否定するだろうか？　だが私たちの感覚では、私たちはいつでもある場所にたどり着きながら同時に通過もしている。だから、私たちの感覚は私たち自身を騙しているのだとゼノンはいう。ゼノンのパラドクスはあらゆる種類の運動に適用できる。

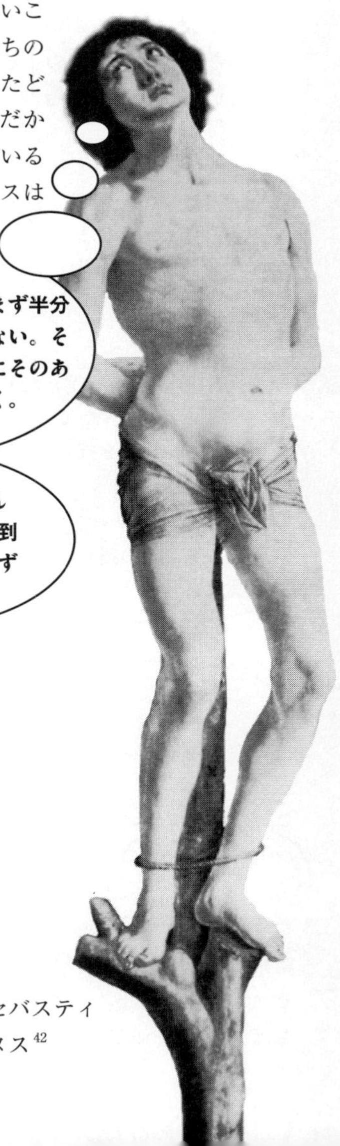

的に向けて射られた矢は、まず半分の距離を進まなければならない。そしてその残りの半分、さらにそのあとの半分と……無限に続く。
つまり、矢は的にどんどん近づくが、決して到達することはないはずだ。

もしそうなら聖セバスティアヌスの死因は、恐怖だったに違いない。

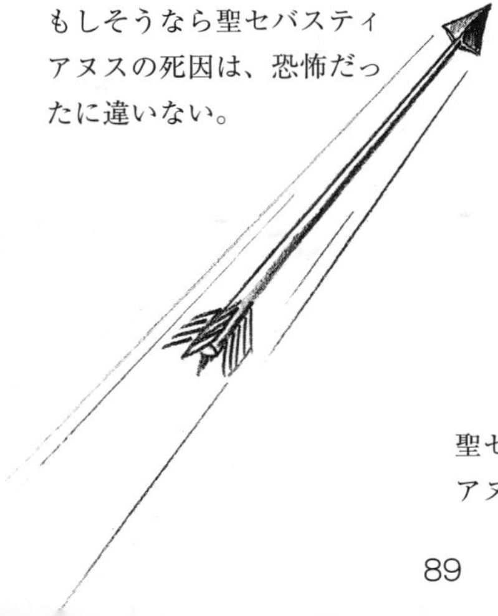

聖セバスティアヌス[42]

無限和

ゼノンの逆説はニュートンとライプニッツ以前の全ての数学者たちが用いたある仮定によっている。それは、無限個の正数の和は必ず無限になるという安易な仮説だ。

A
地点Aから地点Bまでの距離を1とする。
まず、その半分を行くことになる。
それから、その残りの半分だ。
そして、また半分……。
1/2
1/4
1/8
B

結果は、正量の無限和1/2+1/4+1/8+……となり、ゼノンの仮定によると答えは無限となるのだ。私たちはAからBへは決してたどり着けない！

極限の収束

ニュートンとライプニッツがほぼ同時に発見した事実は、無限個の正数の和が無限ではない場合があることだ。無限和の計算では有限値に収束することがある。つまり、後続の要素を加えていくと、かぎりなく特定の数に近づいていくのだ。もし無限回の計算が可能なら、最終的にその数にたどり着けるだろう。

A ――→ B ←―― A

ゼノンには申し訳ないけれど、1/2+1/4+1/8……はただそんな計算の一つに過ぎません。
1
我々の方法を使えば、最終的な和が1になることが簡単に示せます。

これは思いがけない結果だ。AからBにたどり着くのには、まさにAからBにたどり着くのに要する時間がかかるのだから……私たちの直観が正しかったわけだ。

2000年もかかったが、ついに私はカメを負かしたのだ！

「山」はどのくらい？

自己言及的でないもう一つの有名なパラドクスは、**ソリテス**あるいは**砂山のパラドクス**だ。これはストア学派に非常に好まれ、常識のもろさを示すのに使われた。「山」など私たちのよく使う言葉が曖昧であるという事実によるものだ。そうした言葉をどのようなときに使うのが正しいかを判断する明確な規則が存在しないことがあるからだ。

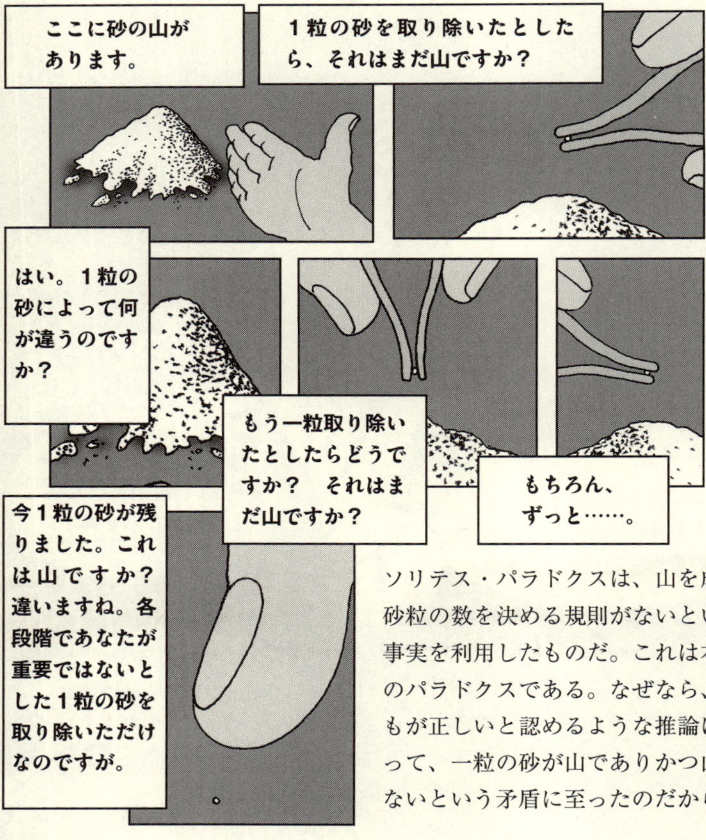

ここに砂の山があります。
１粒の砂を取り除いたとしたら、それはまだ山ですか？
はい。１粒の砂によって何が違うのですか？
もう一粒取り除いたとしたらどうですか？　それはまだ山ですか？
もちろん、ずっと……。
今１粒の砂が残りました。これは山ですか？違いますね。各段階であなたが重要ではないとした１粒の砂を取り除いただけなのですが。

ソリテス・パラドクスは、山を成す砂粒の数を決める規則がないという事実を利用したものだ。これは本当のパラドクスである。なぜなら、誰もが正しいと認めるような推論に従って、一粒の砂が山でありかつ山でないという矛盾に至ったのだから。

集合論への疑問

ソリテス・パラドクスは砂粒以外にも応用できる。ほんの少し言いかえるだけでほとんど全てのものに対して。最近、哲学者のピーター・アンガーが「私は存在しない」という論文を発表している。そこで彼は、1回で細胞を1つ取り除くという、彼自身についてのソリテス・パラドクスを行ってみせた。ソリテスは、純粋な記号操作だけを問題とする形式論理には関係ないが一度記号が意味をもつと、このパラドクスは非常に重要なものとなる。なぜなら、少ない、多い、大きい、小さいや、色や音などの日常の多くの言葉が、ソリテス・パラドクスを作るのに使えるからだ。

言語を分析するために集合と論理を結びつけるという考えに哲学者たちは惹きつけられました。そして私たちの使う述語が集合に対応する、つまり「～は山である」という述語は山全体の集合に対応するという考え方が普及しました。
ソリテスが教えてくれるのは、あるものが山かどうか疑わしい場合が常にあることです。
これを解決しないと、全ての試みがあやしくなり始めます。

曖昧なロジック

ソリテス・パラドクスは、私たちの述語を分析するために集合を使おうとする試みを脅かしただけでなく、世界の状態を説明するための命題計算や述語計算の能力にも疑問を投げかけた。

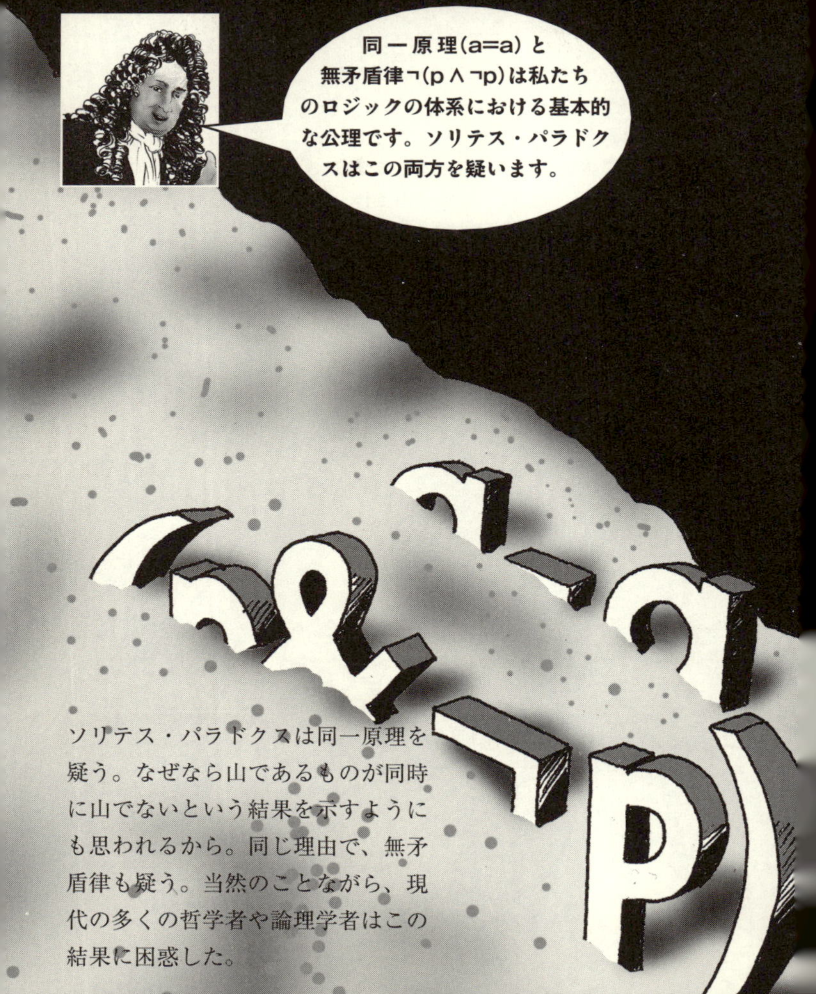
同一原理(a=a)と無矛盾律¬(p∧¬p)は私たちのロジックの体系における基本的な公理です。ソリテス・パラドクスはこの両方を疑います。

ソリテス・パラドクスは同一原理を疑う。なぜなら山であるものが同時に山でないという結果を示すようにも思われるから。同じ理由で、無矛盾律も疑う。当然のことながら、現代の多くの哲学者や論理学者はこの結果に困惑した。

曖昧な言葉のフィクション

たくさんの有望な解決策が提出された。それらは大きく3つに分類される。ある人は曖昧な概念を世界に適用するところに問題があると言う。またある人は、曖昧なのはただ表面上でしかないと考えた。少数だが、最善の解決策は命題論理や述語論理の束縛から抜け出すことだと考える人もいる。フレーゲは論理的な議論に曖昧な表現を入れるべきではないと考えた[43]。フレーゲにとって、ロジックの役目は科学的に精密なものであり、曖昧な言葉は日常会話でのフィクションとしてだけ使われるべきものだった。

オデュッセウスは賢い
パトリック・スチュワートははげている

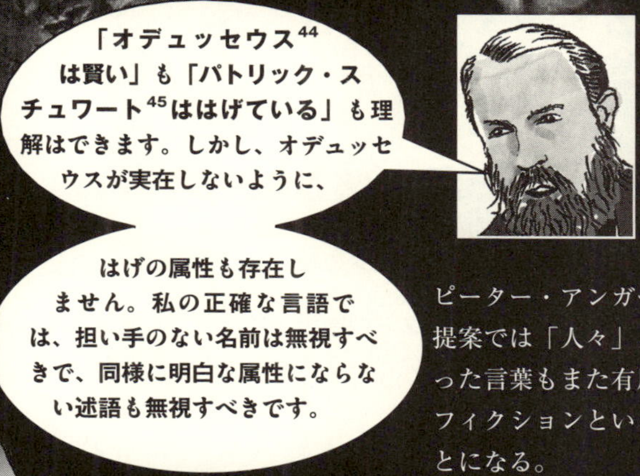
「オデュッセウス[44]は賢い」も「パトリック・スチュワート[45]ははげている」も理解はできます。しかし、オデュッセウスが実在しないように、
はげの属性も存在しません。私の正確な言語では、担い手のない名前は無視すべきで、同様に明白な属性にならない述語も無視すべきです。

ピーター・アンガーの提案では「人々」といった言葉もまた有用なフィクションということになる。

言葉が「意味」するものとは？

別の現代思想家たちは曖昧性を否定し、曖昧性というのは単に知識の欠如によるものだと主張する[46]。彼らによると、いくつの砂粒が山を作るかは決まっているが、それがいくつなのか私たちにはわからないのだという。あるものが山であるかそうでないかについて確かな事実が存在すると彼らは信じている。

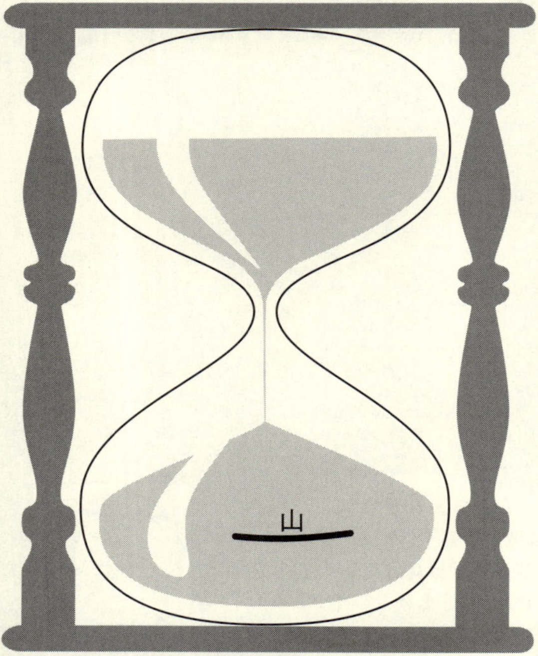

実際古き良き論理法則は世界についての真理だ。問題は、世界について語るための言葉や概念の使い方にのみ存在している。

このソリテス・パラドクスの解決法は、私たちが言葉の意味するものを本当には知らないということを示唆する。なぜなら言葉が意味するものを知るのは、言葉の正しい使い方を知ることだと考えられるからだ。しかしこの解決法は私たちがその知識をもちうることをはっきりと否定する。

ファジーロジック

以上の解決法はどれも決定的なものではなく疑わしさも残るため、我慢してパラドクスを受け入れた思想家たちがいる[47]。彼らは、命題は真か偽かという２つの真理値のうちの１つだけをもつという古来の要求を放棄した。そうすると、命題について、「非常に真」「まあまあ真」「まあまあ偽」「完全に偽」などと考えることができる。こうして「ファジーロジック」としてくくられるロジックの一系統が創造された。

これは、真理値を相対的に扱えるという利点があります。次のような形を見て下さい。
どちらの図形も本当に丸いわけではないが、「これは丸い」というなら、長方形よりも楕円形についての方がより正しい。

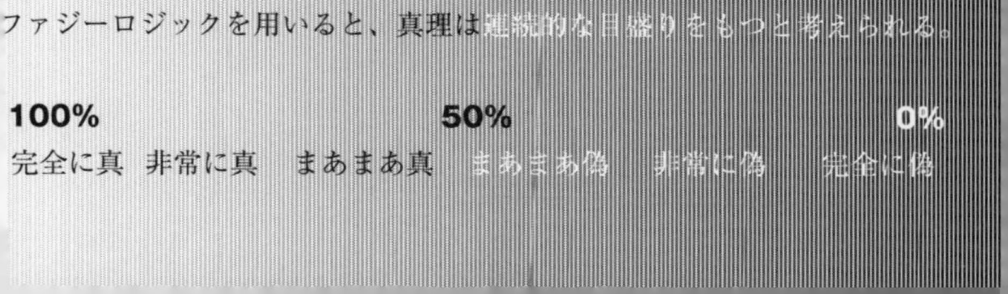
ファジーロジックを用いると、真理は連続的な目盛りをもつと考えられる。
100%
50%
0%
完全に真
非常に真
まあまあ真
まあまあ偽
非常に偽
完全に偽

ファジーな山

ファジーロジックに頼るのは、パラドクスの解決にならず、むしろ降参になる。たとえこのロジックを私たちが受け入れても、ソリテス・パラドクスを完全に退治できない。ファジーロジックにおける真理値の連続体は、それ自体がソリテス・パラドクスの別形なのだ。

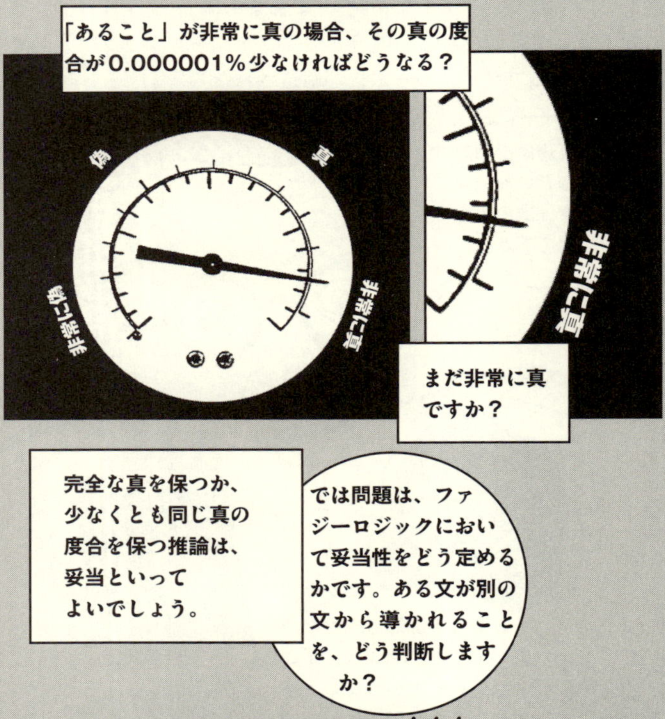

「あること」が非常に真の場合、その真の度合が0.000001%少なければどうなる？
偽
真
非常に偽
非常に真
非常に真
まだ非常に真ですか？
完全な真を保つか、少なくとも同じ真の度合を保つ推論は、妥当といってよいでしょう。
では問題は、ファジーロジックにおいて妥当性をどう定めるかです。ある文が別の文から導かれることを、どう判断しますか？

左の意見では、ふりだしに戻ってしまう。完全に真の文から従う文が真だと推論できるだけだ。右の意見では、ファジーロジックで文の真理を知ることができるのか、妥当な推論を行えるのかどうかもはっきりしない。今の所、ソリテス・パラドクスはこうした問題を論争したがる人たちの関心から免れ、静けさを保っている。

ロジックはパラドクスを免れるか？

ロジックの歴史にはパラドクスが散乱している。それは体系構築者とパラドクス創作者の２つの陣営の争いのようだ。たいてい、体系構築者は概念を分析するための正確な方法を求めている。そして、全ての真なる文を明確かつ正確な方法で得るためにロジックを使おうとする。対照的に、よいパラドクス　はそのようなロジックの力に異議を唱えるだろう。そのため、文の真偽を区別したり、推論したり、概念を明確に定義したりする私たちの能力に疑問を呈することになる。

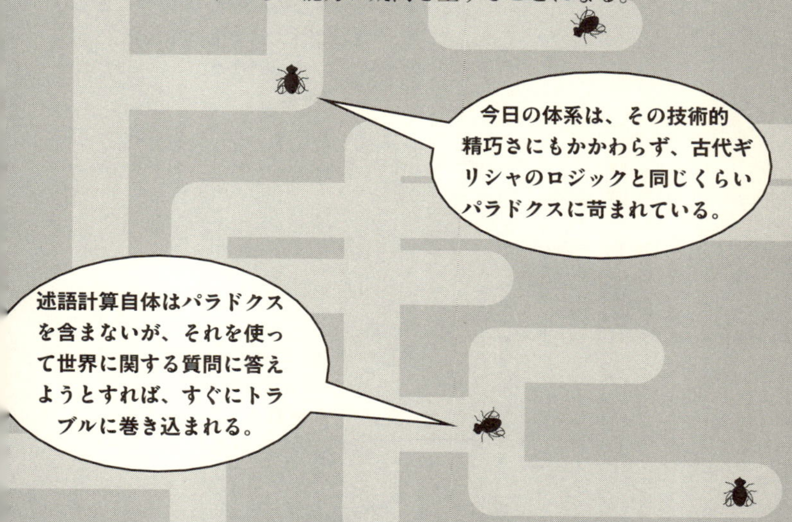
今日の体系は、その技術的精巧さにもかかわらず、古代ギリシャのロジックと同じくらいパラドクスに苛まれている。
述語計算自体はパラドクスを含まないが、それを使って世界に関する質問に答えようとすれば、すぐにトラブルに巻き込まれる。

述語計算にこうした限界があるので、論理学者たちは遅かれ早かれロジックの新たな体系を発展させることになったのだ。ファジーロジックはこのような「非古典的」ロジックの一つに過ぎない。

非古典論理：直観主義

今日のいわゆる「古典論理」に対して、**L. E. J. ブラウワー**（1881－1966年）は最初の代替物を提案した。彼はフレーゲやラッセルの、数学をロジックに還元しようとする企てに反対した。数学は、数や直線といった基本的対象物がどんなものかという私たちの基本的「直観」に基づいていると彼は考えた。それゆえ彼の考え方は**「直観主義」**として知られている。

数学的証明には単なる論理的証明とは違った働きがあることを示したいと思っていました。そして数学では、排中律が機能しない場合があることを示しました。つまり、¬¬pは数学においては必ずしもpと同じではないのです。

悪魔の議論

ブラウワーは主に無限集合と無限数列の問題に注目した。例えば、正の数全ての集合や、π や$\sqrt{2}$などの無理数を小数展開してできる無限数列など。ブラウワーの議論はこのようなものだ。

πのような無理数を小数展開したときどこかに666という並びが必ず現れることを私なら論理的に示すことができます。というのは、それが現れないのは、πの全ての桁で666が現れないということと同じですね。しかし、それが数学的に証明されることはありえません。たとえ世界中の紙をπの小数で埋めつくしても、まだ調べていない無限の桁が存在するのですから[48]。

π = 3.1415968739876375
しかし、もしもπの全ての桁で666が現れないといえないなら、排中律によりその並びはどこかに現れるはずでしょ。
悪魔の議論は許容できません。排中律は数学における無限集合や無限数列には適用できないのです。

直観主義論理

ブラウワーは、数学的証明の中にはロジックと違った働きがあることを示したかったのだが、結局彼の議論は、異なるロジックにしたがって機能する数学の領域があることを示して注目された。このようなロジックをさらに発展させようとしたり、それこそが数学のロジックであると示そうとした人もいた。彼らはそれを「直観主義論理」と呼んだ。

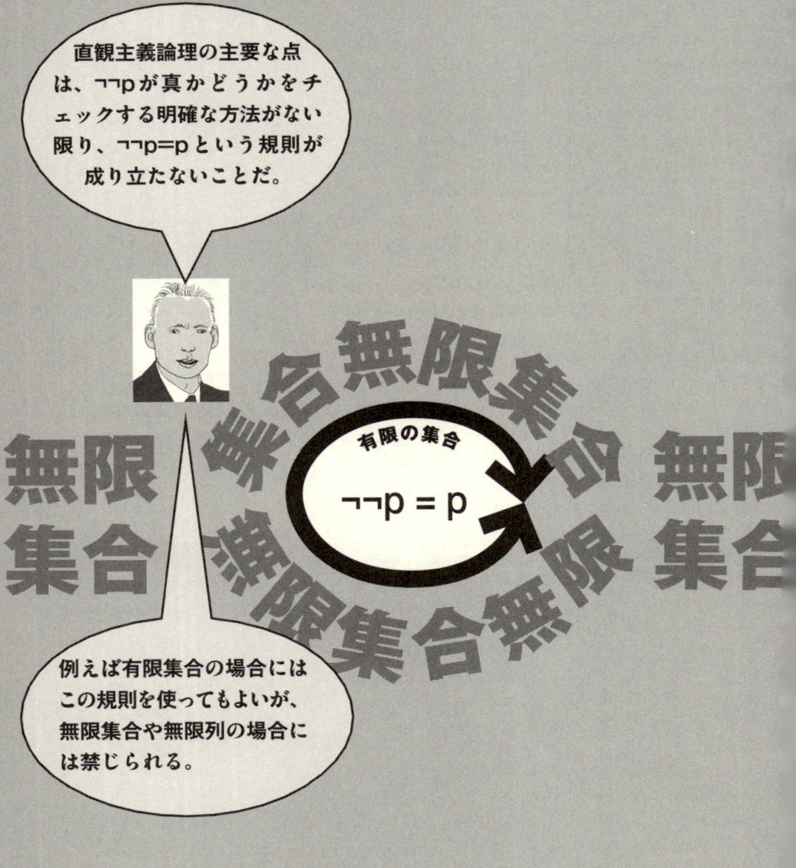
直観主義論理の主要な点は、¬¬pが真かどうかをチェックする明確な方法がない限り、¬¬p=pという規則が成り立たないことだ。
有限の集合
¬¬p = p
無限集合
例えば有限集合の場合にはこの規則を使ってもよいが、無限集合や無限列の場合には禁じられる。

直観主義vs.背理法

直観主義論理の重要な特徴は、ライプニッツの背理法が機能しないことだ。背理法では、ある数学の命題を証明するために、その否定を仮定して矛盾を導く。しかし「その否定は偽だ」から「それは真だ」に行くのは排中律による。背理法は、ある数学分野の公理を与えて命題を構築するような、数学として当然期待されることをしてくれない。

命題の適切な証明を与えることなく、その否定が偽だから真だといいたいのでしょう。それは¬¬p=pという規則に依存しており、その規則は私のロジック（直観主義）には存在しません。
でも、誰もが認める基本的な数学命題の多くは、私の背理法を使ったやり方でのみ証明されてきたのですよ。
排中

直観主義ブーム

この問題は1930年代に、よく使われる数学の基本命題を、直観論理を用いて証明しようとする新ブームを巻き起こし、そしてそのような証明はたくさん発見された。大学に数学科や哲学科が誕生し、新しい学問分野が形成されていった。ヒルベルトの形式手法でさえ、ライバルの直観主義で認められた手法のみを使って設計されるようになった。

最後には、ゲーデルが関心を寄せた。

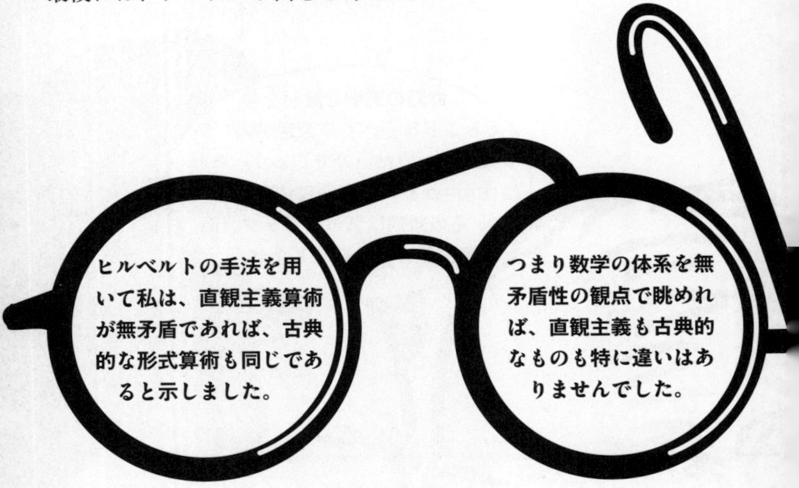

ヒルベルトの手法を用いて私は、直観主義算術が無矛盾であれば、古典的な形式算術も同じであると示しました。
つまり数学の体系を無矛盾性の観点で眺めれば、直観主義も古典的なものも特に違いはありませんでした。

以来、この議論への興味は多少衰えたが、命題が真であることを確証するのに構成的証明が必要であるという考え方は、現代でも論理学者、数学者、科学者、そして哲学者の間で支持されている。

古い問題への取り組み

同じ頃、**ヤン・ウカシェヴィッチ**（1878－1956年）というポーランドの数学者が1920年に発表した見解への関心が高まっていた。10年以上もの間、ポーランド以外ではほとんど顧みられなかったものだ。ウカシェヴィッチはアリストテレスからラッセルまでのロジックで既に知られていた古い問題に取り組んだ。

ロジックは「可能」とか「必然」などの言葉や、未来についての文を扱うのには装備不足であることに気づきました。
例えば、「1000年後ビッグベンに雪が降るだろう」という文の真理値はどうやって決めたらいいか？

「可能」という真理値

ウカシェヴィッチはこれらの言語要素を組み入れて扱う論理体系を作ろうとした。そのために、彼は３つの真理値をもつロジックを考えた。偽、真、そして彼が「可能」と考えるものである。ウカシェヴィッチのロジックにおけるいかなる文も、真か偽または第３の真理値をとる。

このため、私は全ての論理接続詞に新しい規則を定めなければならなかった。例えばｐが真でｑが可能である場合、ｐ∧ｑの真理値はどうなるのだろう？
真
p
可能
q
偽

数としての真理値

この問題は、真理値を数として考えるとわかりやすい。真と偽はしばしば１と０と表されてきた。

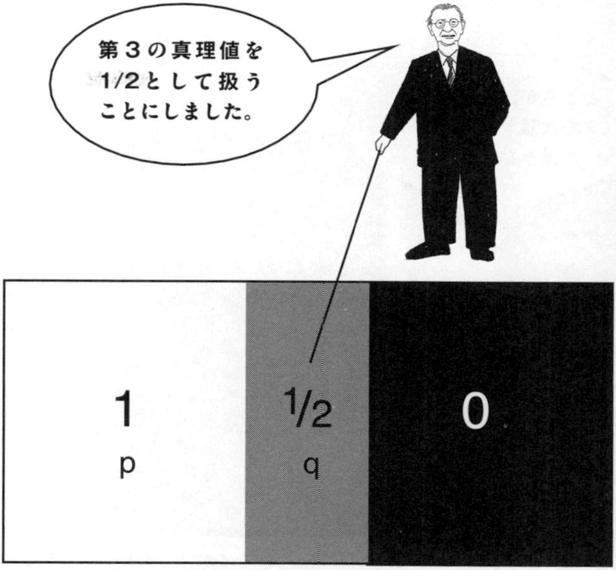

第３の真理値を1/2として扱うことにしました。
1
p
1/2
q
0

数を使って考えると、p∧qの真理値はpとqの真理値の小さい方になるだろう。

従って、もしpが1でqが1/2なら、p∧qもまた1/2となる。

p∨qの値は同様に真理値pとqの大きい方になるので、もしpが0でqが1/2であればp∨qの値もまた1/2となるだろう。

¬pの値は１−(pの値）となるので、もしpが可能（1/2）であれば、その否定もまた可能となる。

可能性と無矛盾性

結果的に、ウカシェヴィッチのロジックにおいては排中律も無矛盾律も成り立たない。pが真である、またはpの否定が真であるというのは正しくない。というのは、pは「可能」でもありうるからだ。同じ理由で、pと¬pが同じ真理値をもつことができないというのもまた誤りである。

ところが、私のロジックでは無矛盾律は違った働きをします。
もしpが真であるなら、¬pも真になることはなく、逆もまた然り。
次のように
¬¬p=p
大変面白いことに、¬¬p=pは私のロジックで証明できます。
¬¬p=p はpの真理値がなんでも成り立つ。この点で、私のロジックはブラウワーのとは全く異なるのです。

古典論理における２つの基本規則がウカシェヴィッチのロジックに使えないにもかかわらず、それは完璧に矛盾のないもので、ラッセルのロジックと同様に用いることができる。一般の論理学者たちがウカシェヴィッチの発明に気づいたとき、彼の論理接続詞の定義を応用して３から無限までのあらゆる数の真理値を有するロジックが作れるとすぐにわかった。
例えば、７つの真理値をもつロジックがほしいなら、各真理値に1/6きざみの数値を与えればよい。すると、下のようになる。

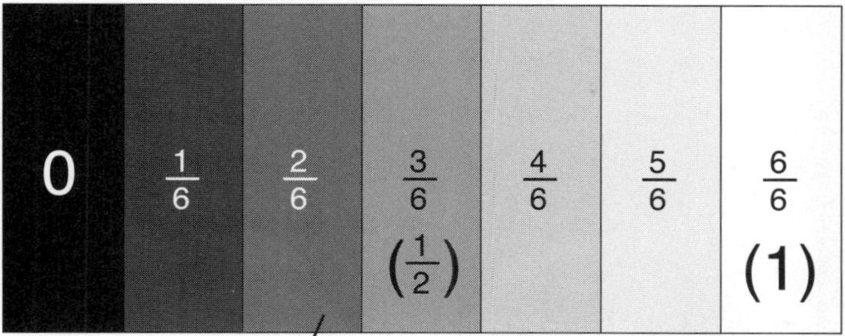
0
1/6
2/6
3/6
(1/2)
4/6
5/6
6/6
(1)

全部で7つの真理値だ。

これらの値の意味をどう決めるかは、あなた次第です。

ロジックということでは、ウカシェヴィッチの論理接続詞の規則は完璧に機能します。

古典論理からファジーロジックへ

ブラウワーとウカシェヴィッチによって新時代の口火が切られ、ロジックは急速に進化した。今や、どこかで誰かが興味をもつような論理体系は何十種類も存在する。ロジックは代数学由来のツールを使って単純なパーツに分解され、いろいろな好みや流行を満足させるべく再びつなぎあわされた。

アリストテレスの時代から1930年代までの論理学の蓄積は1つのパッケージに集約され、古典論理と呼ばれるようになった。

「多値論理」はウカシェヴィッチによって発見され、最近「ファジーロジック」というファンキーな名前をもらった。
ウカシェヴィッチが彼のロジックで「可能」という言葉を扱おうとした当初の目的は支持されなかった[49]が、ファジーロジックには多くの応用が見つかっている。

電子的「可能」状態

ファジーロジックの応用で重要な分野は電子機器である[50]。様々な電子装置の動き方を思い出してほしい。これらは典型的には「**入／切**」スイッチを用いたものであり、**真**と**偽**という伝統的な2つの真理値を用いる命題計算に倣ったものだ。だが2つ以上の状態をもつスイッチを使う機械もある。

このキーボードの鍵盤は、弾くとただ音が出るかどうかの「入／切」スイッチです。
このキーボードの鍵盤は、もっと質の良いもので2つ以上の状態があります。強く弾けばそれだけ出す音が大きくなります。この鍵盤は、本物のピアノのようですね。

2つ以上の状態をもつスイッチがあるなら、ファジー論理を使ってモデル化できる。これは、2値スイッチの機械が命題計算でモデル化できるのと同じように簡単だ。

ファジーロジック検索エンジン

ファジーロジックが影響を与えたもう一つの重要な領域は人工知能（AI）だ。高性能ウェブ検索エンジンのようなスマートな情報検索システム[51]が欲しいとしよう。その検索エンジンはあなたが入力した言葉から、あなたが探しているサイトをより多く見つけられれば、よりよいものとなる。

もし私たちが検索エンジンに古典的な命題計算を使えば、入力した言葉に一致するサイトとそうでないサイトに二分するしかない。どんな小さな綴りの違いでも一致しないとみなされます。
検索語を入れてください
レオナルド・ダ・ヴィンチ
結果
レオナルド・ダ・ヴィンチ
レオナルド・ダヴィンチ
レオナルド・ダビンチ
画家 ダ・ヴィンチ
ルネサンス 巨匠 レオナルド
レオナルド・ディカプリオ
ダ・ヴィンチの作品
レオナルド・コーエン
モナリザ　レオナルドの名画
ヘリコプター　ダヴィンチの発明
ルネサンスのレオの発明
ファジーロジックを使えば、検索エンジンはあなたが入力した言葉に、ある程度マッチしたサイトを見つけられるようになり、必要な情報がもっと得られるようになる。

ファジーロジック機械

一般的に、100%一致したものを見つけるのではなく、パターン認識をするという話になれば、ファジー論理は古典論理よりも優れている。ファジーロジックを使えば、あるものが別のものに似ていることを機械に理解させられる。これは、単語認識、物体認識などAIで広く応用される重要な技術である。

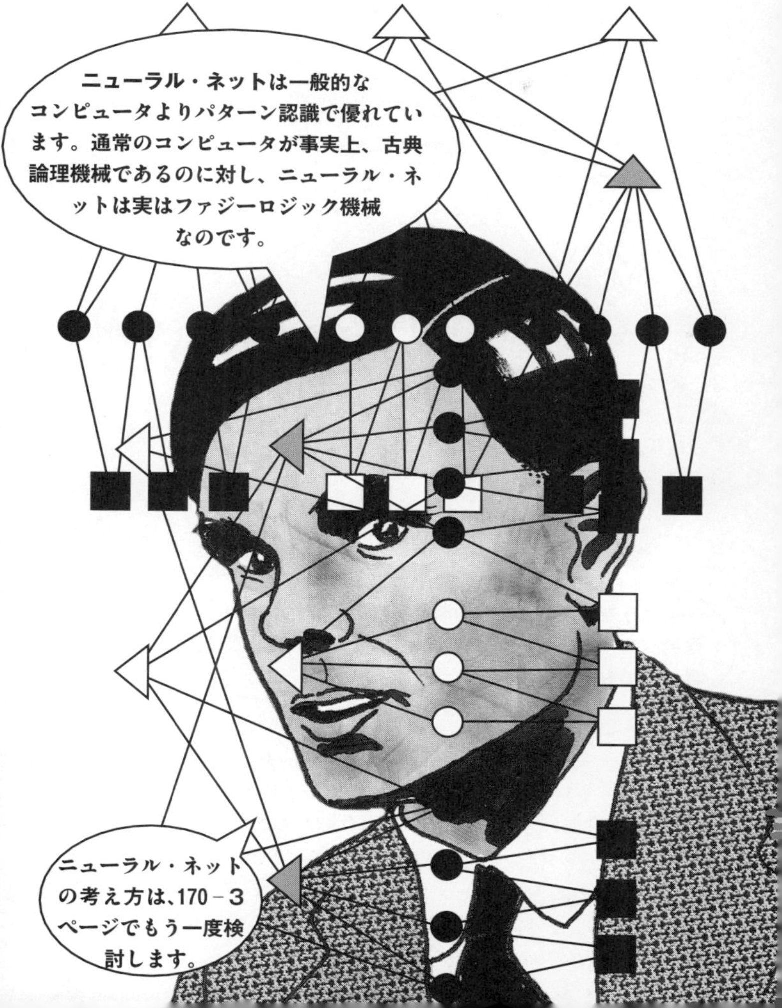
ニューラル・ネットは一般的なコンピュータよりパターン認識で優れています。通常のコンピュータが事実上、古典論理機械であるのに対し、ニューラル・ネットは実はファジーロジック機械なのです。
ニューラル・ネットの考え方は、170－3ページでもう一度検討します。

量子世界におけるロジック

ロジックと代数学の20世紀的融合は、ある重要な科学技術に応用される新奇なロジックを生み出した。

1920年代、私は量子力学において電子のような素粒子の物理的挙動を表現するため特別な数学的ツールを開発しなければなりませんでした。量子世界はとても奇妙な世界でそれを説明するのには奇妙な数学モデルが必要なのです。
その何十年か後に、数学者たちは「ヒルベルト空間」という特注の代数的形式化[52]を発見しました。

その頃までには代数学とロジックは近い関係になっていたので、量子力学の代数的形式化があれば、その論理的形式化も当然できるはずだった。

量子論理の分配法則

量子論理は1960年代に注目されるようになった[53]。量子宇宙が、科学者たちにとって理解するのも説明するのも難しいのは、固有のロジックに従って動くからだと考えられた。哲学者**ヒラリー・パトナム**（1926年生）がいうように、そのロジックは人間の言語や思考に由来する古典論理とはかなり違ったものである。

量子論理では、古典論理と同様に、どの文も２つの真理値をもちえます。古典論理と量子論理の主な違いは、排中律や無矛盾律などの基本的な法則ではなく、分配法則にあります。
分配法則は
p∧（q∨r）＝（p∧q）∨（p∧r）
と表せます。

古典論理の分配法則は以下のようなものだ。

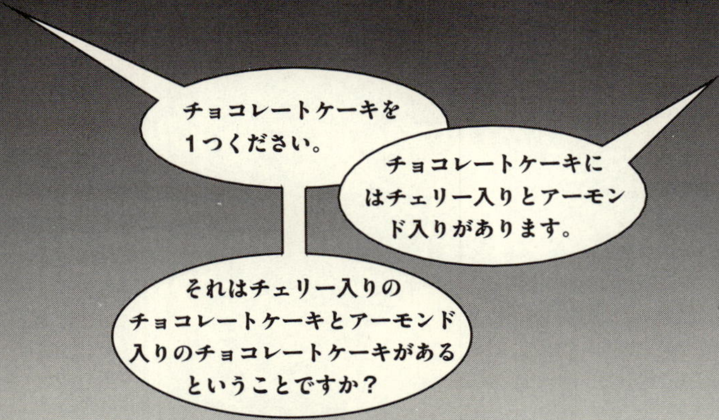
チョコレートケーキを
1つください。
チョコレートケーキにはチェリー入りとアーモンド入りがあります。
それはチェリー入りのチョコレートケーキとアーモンド入りのチョコレートケーキがあるということですか？

量子論理ではこの簡単な法則が使えない。

ケーキ屋にはともかくチェリーかアーモンドのどちらかが入ったチョコレートケーキがある。しかし確かめてみると、チェリー入りのチョコレートケーキもアーモンド入りのチョコレートケーキもどちらもないかもしれないのだ。

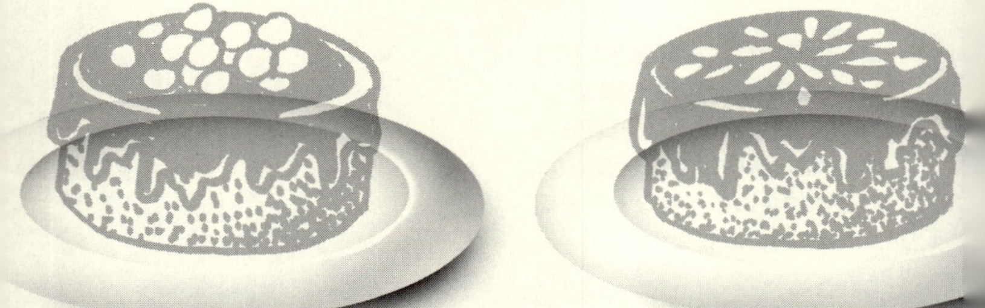

混乱してきたでしょ？　物理学者たちがなぜこんなことを真剣に議論しているのかもうすぐわかります。

実験によるロジック

量子論理の発明により、どのロジックが世界に適合するかという質問は経験的なもので、実験によってのみ答えられるとパトナムは主張するようになった。量子力学は、素粒子の世界が私たちが日常使うものとは違ったロジックに従って動いていることの発見だったと彼は主張した。その後、パトナムは少し考え直さなければならなかった。

実験結果を解釈し、どのロジックが適合するかを理解するには、既に何らかの論理思考が起動していなくてはなりません。つまり、全てのロジックが観察から得られるわけではないのです。
どのロジックが適するかを決定するのは世界に関する様々な事実であり、一番優れたロジックがあるわけではないと私はいまも信じています。

古典論理

ファジーロジック

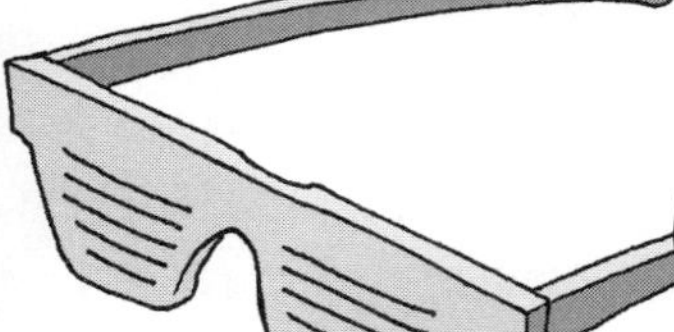
量子論理

量子論理は人間の論理を信じる基盤を破壊するものではないが、われわれをSFの領域に導くような働きがある。

1
真
0
偽
科学者たちは単一原子を二進ビットとして扱うことに成功しています。原子は2つのうちどちらかの状態で存在しますが、その状態を1か0、あるいは真か偽と表現しても問題ありません。これはもちろん、最小化、速度、効率という面では究極の見方です。

今日の私たちの理解では、単一原子を使った計算は小さな量子コンピュータを使っていることだ。このようなコンピュータに対して最適なロジックのモデルは同じく量子論理となるだろう。これは生まれたばかりの科学技術だが、量子論理の奇妙な法則によって、多くの複雑な計算ができる日が来るのも近いだろう。

ロジックと科学

もしロジックが他人の説得と数学の基礎にだけしか使えなかったら、かなり特殊なツールだったろう。しかし、現代科学全体がロジックと数学からの応用を必要としている。実際フレーゲのロジックは厳密な科学言語を作るのに役立てようと計画されたものだ。だがロジックと科学の結びつきはそれよりもはるか昔に遡る。

私は数学についてあまり考えませんでした。だから私の科学は正確な測定や実験に基づいていないのです。天体は神の愛の外で円運動するのだと結論付けました。

残念ながら、この考え方を用いて惑星の動きを予測するのはとても難しいことがわかった。ついに紀元２世紀にはプトレマイオスが、火星の運動を説明するため、アリストテレスの体系に周転円[54]を追加し始めた。

EMPIREVM
Decimum Coelum
Nonu Coelum
Octauum
COELVM
COELV
SATVRNI
IOVIS
MARTIS
SOLIS
VENER
MERCV
LVNÆ

コペルニクス的転回

プトレマイオスの周転円は、しばらくは役立った。しかし、火星は予測された軌道の外を回り続けた。これはさらに周転円をふやすことで対処され、それは15世紀半ばにコペルニクス的転回が起こるまで続いた。コペルニクスは、もし地球が太陽の周りを回っているなら、予測が簡単になると提案した。

教会はすでにアリストテレスの学説にお墨付きを与えていたので、私の提案は教皇の不可謬性に背くことになりました。

コペルニクスの異説はガリレオやケプラーといった人々を発奮させた。ガリレオは実験によってこの論争を解決できるはずだと考えた。彼は見事な演繹法を用いて、地球が太陽の周りを回っているとしたらそれは振り子の運動に影響を与えているだろうと推論したのだ。そして、その通りだった。

ガリレオの革命

ガリレオは自然現象とは注意深い観察と厳密な測定を前提にすべきものだと主張した。私たちが頼るべきは過去の権威ではなく定量化された観察なのだ。彼曰く「数学は自然の言語である」。ガリレオは自然が数学的法則によって支配されているというプラトンの考え方を復活させたのだ。

私は実験に現れる数学的規則性に注目することで運動の法則を発見しました。
彼の成果がニュートン力学を作り出す素になりました。

ガリレオは教会によって強制的に主張を撤回させられ、その後は隠遁生活を送った。しかし、科学革命の叫び声はもう止むことがなかった。間もなくアリストテレス的世界は崩壊したのだった。

演繹法と帰納法

ガリレオの手法は、哲学者の**フランシス・ベーコン**（1561－1626年）とルネ・デカルトによってさらに開発され、科学の方法論になった。

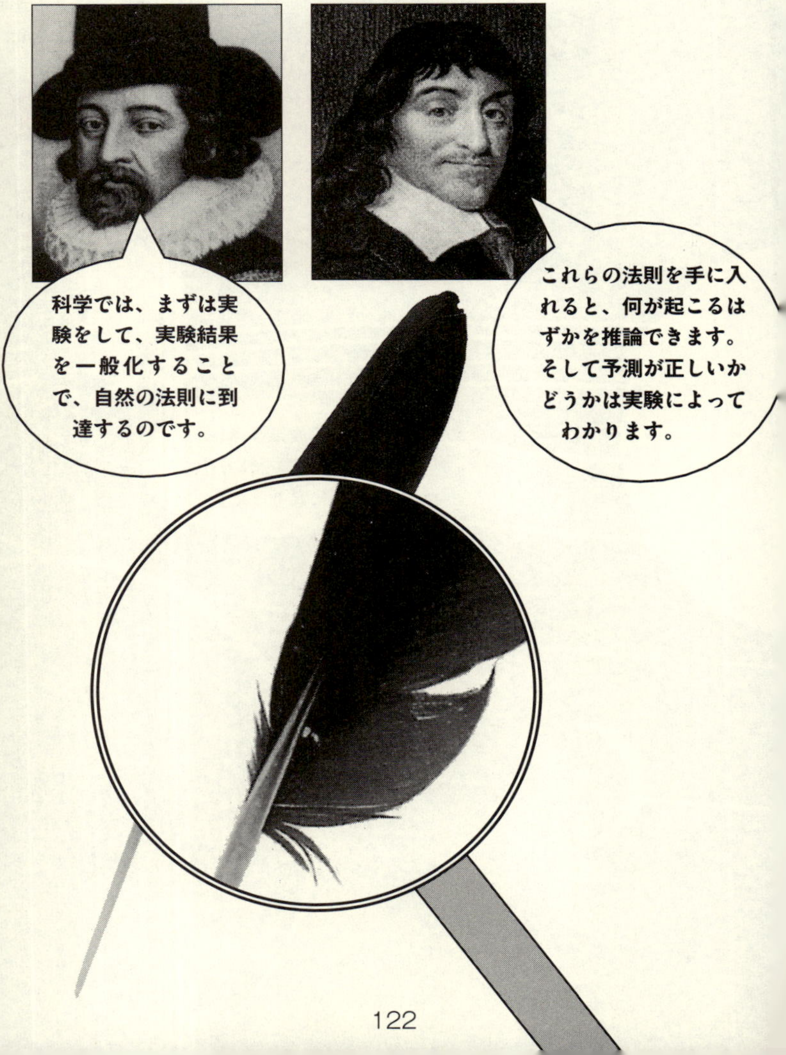
科学では、まずは実験をして、実験結果を一般化することで、自然の法則に到達するのです。
これらの法則を手に入れると、何が起こるはずかを推論できます。そして予測が正しいかどうかは実験によってわかります。

デカルトとベーコンは、演繹法と帰納法という２つの推論の形式をとりあげた。演繹法は、ある見解が別の見解に従うことを示すのに使われる方法で、帰納法は少ない例から一般法則を導く方法だ。

帰納的推論
このカラスは黒い。
あのカラスも黒い……。
全てのカラスは黒い。
全てのカラスは黒い。
あれはカラスだ。
だから黒い。
演繹的推論

帰納法の問題

演繹法では、結論の真理は前提の真理に従う。しかし、帰納法では、そのようなことはいえない。例えば、２羽のカラスが黒いという事実は日本に白いカラスがいるという事実に反しない。だが「全てのカラスは黒い」という一般法則は白いカラスの存在と矛盾する。

よって、前提が真であることは結論が真であることを論理的に保証しません。
これは、確かな結果を求める科学において帰納法を使用することに対する問題を提起しています。

ヒュームのフォーク

帰納法を使ってかなりの成果がもたらされたが、そこには懸念が残った。スコットランドの哲学者**デイヴィッド・ヒューム**（1711－1776年）は、私たちの帰納法の使い方が正当化できないと考えた人物として知られている。

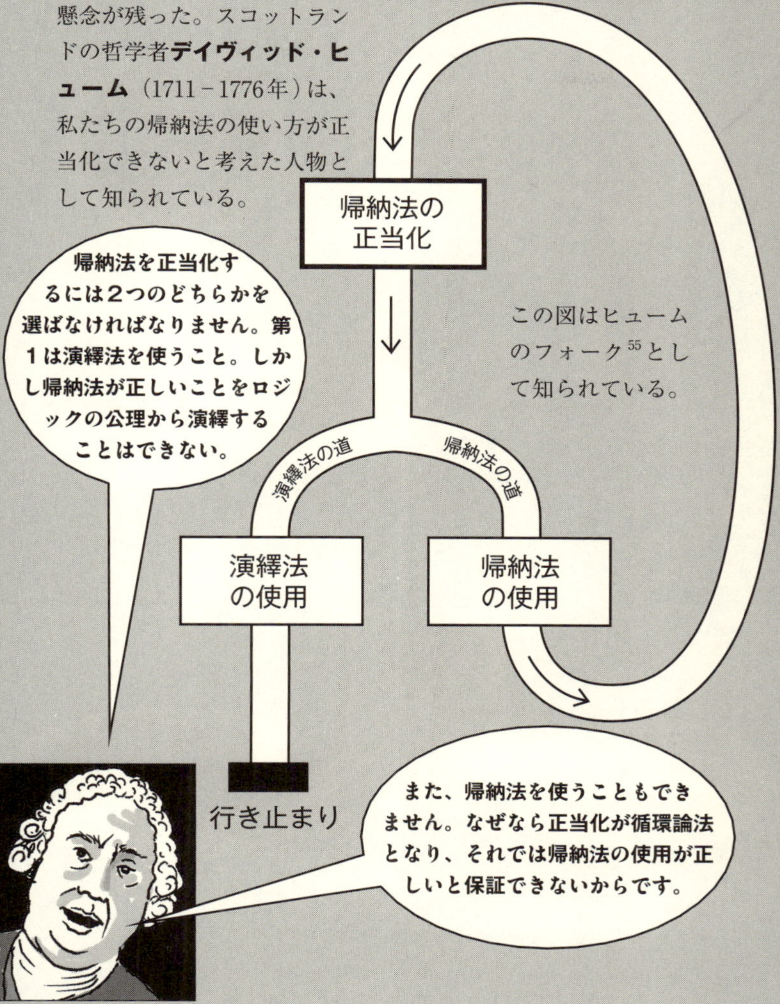
帰納法の正当化
演繹法の道
帰納法の道
演繹法の使用
帰納法の使用
行き止まり
帰納法を正当化するには2つのどちらかを選ばなければなりません。第1は演繹法を使うこと。しかし帰納法が正しいことをロジックの公理から演繹することはできない。
また、帰納法を使うこともできません。なぜなら正当化が循環論法となり、それでは帰納法の使用が正しいと保証できないからです。

この図はヒュームのフォーク[55]として知られている。

法則学的推論

ヒュームは帰納的推論が人間の心理に関する事実であると考えた。火傷をしたことがあると、それ以降、火に手を入れまいとするように、私たちは経験から「推論」するのだ。

これがまさに問題なのです。帰納法を使うことは全く妥当にみえるから。
でもその使用は正当化できません。

帰納法が安全に使用できることを保証しようとしたいろいろな試みはうまくいかなかった。ウィーン学団の台頭に伴い、科学が真に帰納的だという考えに疑問がもたれるようになった。

そのかわり、「法則学的推論《ノモロジー》」という考え方が注目されるようになった。
この考え方によれば、科学というのは特定の結果を推論できるような一般法則を提案するものです。

予測と説明が、帰納的と演繹的という別々の方法論を必要としていると考えるよりは、全てを演繹法に任せる方がよい。私たちは現象を見ると、それを説明する因果法則を思いつく。そしてこの法則に他に何が従うかを推論し、経験的な確証あるいは反証を探すのだ。

法則学的モデルは哲学者の**ジョン・スチュアート・ミル**（1806－1873年）に始まる[56]。科学とはロジックの一部であり、帰納的推論は経験の一般化にほかならないと彼は考えた。他の事象と比べて経験的にたくさん確認されればされるほど、その一般化についての自信は強まる。しかし私たちはそれらの結論を確信できるわけでは決してない。全ての帰納的推論に共通しているのは、自然界の全てのものがその存在を引き起こすのに必要十分な原因や条件を有しているに違いないという信念だけである。私たちは観察の一般化によってそれらの条件を見つけることができる。

必要条件はそれが引き起こすものと一緒に発見されるに違いありません。
雨が降るには雲が必要です。雲のない日に雨が降っている場合を見つけようとすることで、この条件を発見できます。もし見つけられなかったら、主張の裏付けとなります。

十分条件とは、例えば熱に対する火のように、その効果なしには存在できないもののことです。火が熱くないことはあるでしょうか？

一般化による帰納法

科学者のすることは、例えば薬剤師が何かの薬を蒸留させる作業に似ている。帰納法、演繹法、消去法を注意深く使うことで、科学者はどのような事象に対しても最終的に２～３の必要十分条件を残留させる。実験すればするほど、科学者はある効果をもたらす正確な原因を見つけていると確信できるようになる。

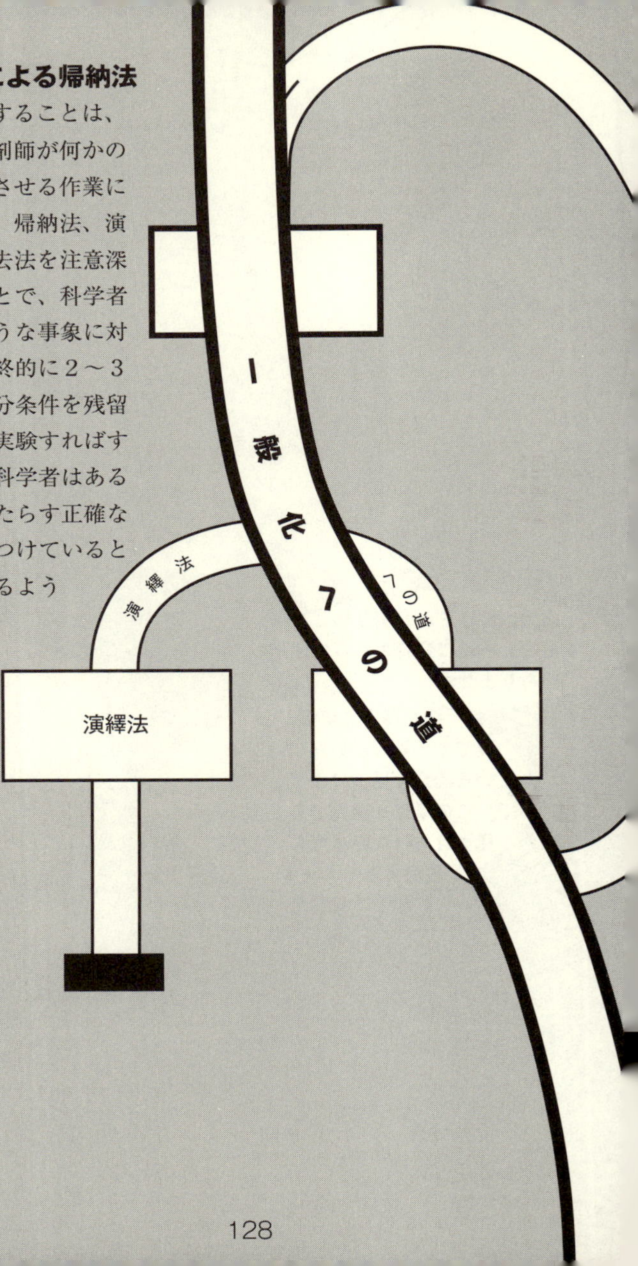

ヒュームは、帰納法を正当化するのに演繹法は使えないと主張した。他方、ミルは演繹法自体が、経験から一般法則を帰納するお陰で成り立っているに過ぎないと論じた。演繹的推論そのものが帰納法に依存しているので、ヒュームは帰納法への依存を弱めるために演繹的推論を使うことができなかった。

数学やロジックも、確かな手法を用いて到達した、経験の一般化以外の何物でもないと私は考えています。
私たちが知る全ては帰納法によるものなのです。従って、帰納法と演繹法の境もなく、ヒュームのフォークは生じないのです。

ガリレオにとって、数学は自然が語る言葉で、それは自然のもつ数学的法則をいつか発見できるようにしてくれるものだった。対して、ミルは数学をある形の一般化と考えた。彼の考えでは、科学はより正確な予測を与えるようなより一般的な法則に変わっていくものだった。

ニュートン力学は偉大です。なぜなら4つの単純な法則で全ての運動と力を予測するのですから。

すでに発見されていた素晴らしい法則、例えば、ガリレオの運動法則、ケプラーの惑星運動の理論など、どれも私の法則から導くことができます。

数学やロジックに対するミルの見解はかなり独創的で独特だ。ミルは $1+1=2$ や $\neg(p \wedge \neg p)$ といった数学や論理の命題の確実性は、それらに関する膨大な経験によるものと考えた。哲学者たちは長い間、数学やロジックにおける必然らしき真理を解明しようとしてきたが、ミルは何も解明することはないと断言した。それらは特別な命題ではなく単により広く確認されているだけなのだ。

このショットはこれまでいつもうまくいった。

法則か経験則か

数学やロジックを経験により正当化するミルの方法は、哲学者たちを納得させるようなものではなかった。問題は、（2＋2＝4）のような数学的命題が、例えば2個と2個のリンゴを一緒にしたら4個のリンゴになるだろうというような単なる予測としてではなく、法則として働いているようにみえることである。

おかしいですわ。ボウルの中にリンゴが2個入っていて、そこに2個加えたのに、3個しかありません！
たぶんこれはあなたの一般化が成り立たないケースですね。

あの人が１個盗んだ可能性の方がはるかに高いのじゃないかしら！

数学の法則は未来の出来事を予測するものではなく、合理的と考えられるものをむしろ定めているのだ。数学の法則に反するようにみえる場合には、私たちは別の合理的な説明を探すことになる。数学の法則が場合によって間違っていると譲歩することなど全くない。

また、虚数や４次元以上の幾何学のような近代的な数学概念がどのように経験から一般化されうるのかも想像しにくい。なぜなら私たちはこのような概念を実世界で見つけることは決してないからである。

カラスのパラドクス

演繹的な法則学的方法[57]はウィーン学団の**カール・ヘンペル**（1905－1997年）によって現代化された。彼は科学を、因果関係に基づいた一般法則の探究であるとした。その法則は経験的に観察される事象の全て、そしてそれだけを説明するだろう。しかし彼はすぐにこのモデルの問題点に気づくようになる。

「全てのFはGである（全ての人は死ぬ運命にある）」という形の一般法則とFa（ソクラテスは人だ）という形の文があれば、Ga（ソクラテスは死ぬ運命にある）と結論できる。
左の法則は、「全てのGでないものはFでない（不死であるもの全ては人ではない）」という法則と論理的に等しいのです。

もし死ぬ運命にある人と出会うことでこの法則が裏付けられるなら、人ではない不死の何かを見つけることでもまた裏付けとなるだろう。これを踏まえて、ヘンペルは「カラスのパラドクス」として知られる問題を思いついた。

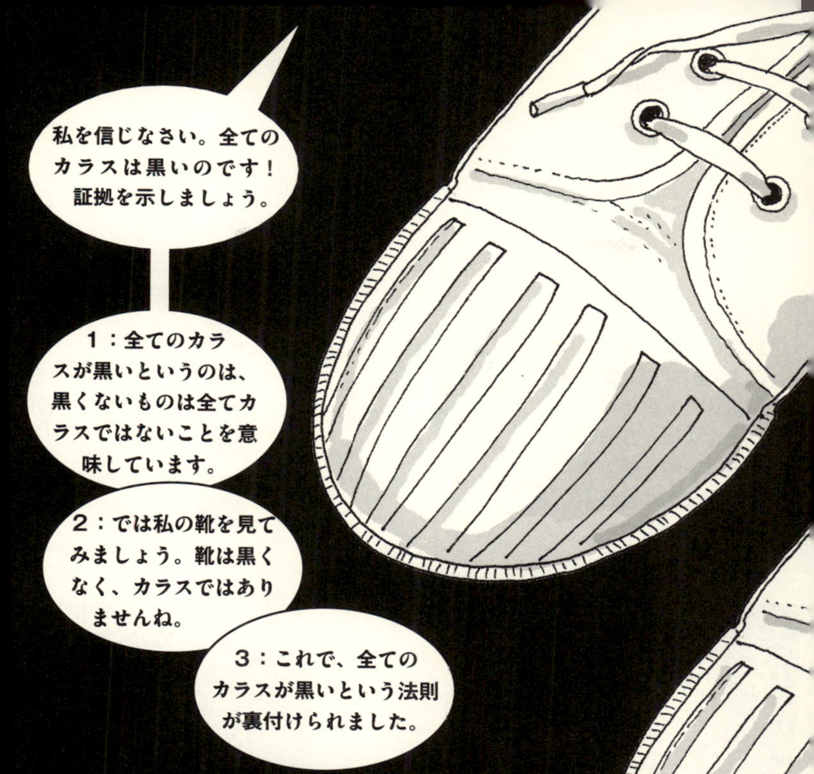
私を信じなさい。全てのカラスは黒いのです！証拠を示しましょう。
1：全てのカラスが黒いというのは、黒くないものは全てカラスではないことを意味しています。
2：では私の靴を見てみましょう。靴は黒くなく、カラスではありませんね。
3：これで、全てのカラスが黒いという法則が裏付けられました。

これはロジックの問題ではなく、ロジックにより提起された問題だ。
全てのカラスが黒いことは、この世で黒くないものは全てカラスでないことを確かめれば理論上証明できる。しかし、全てのカラスが黒いという法則を裏付けるのに白い靴を持ち出すのは科学的方法としておかしい。問題はある種の無関係さである。たとえ私たちが全てのテニスシューズは白いということを知っていても、これがカラスの色に関係するとは決して思えない。

因果の問題

ヘンペルの法則学的説明のもう１つの問題は、原因と結果を区別していないことだ。例えば、晴雨計（気圧計）の表示と雨の有無が関係あると観察されたとき、雨の存在が晴雨計の表示の「原因である」と考えることもできるし、また晴雨計の表示が雨の「原因である」と考えることもできる。

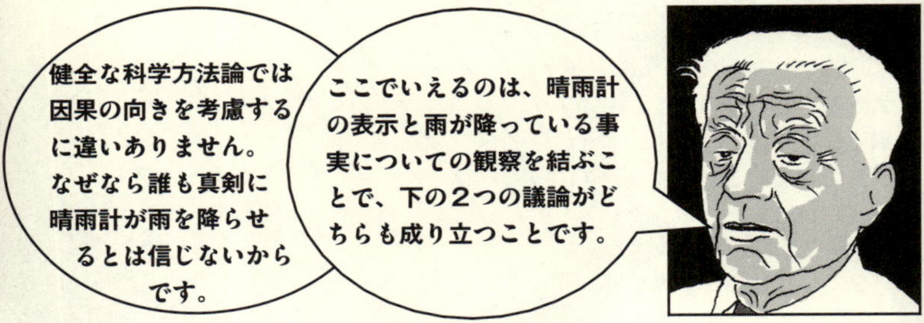

ここでいえるのは、晴雨計の表示と雨が降っている事実についての観察を結ぶことで、下の２つの議論がどちらも成り立つことです。
健全な科学方法論では因果の向きを考慮するに違いありません。なぜなら誰も真剣に晴雨計が雨を降らせるとは信じないからです。

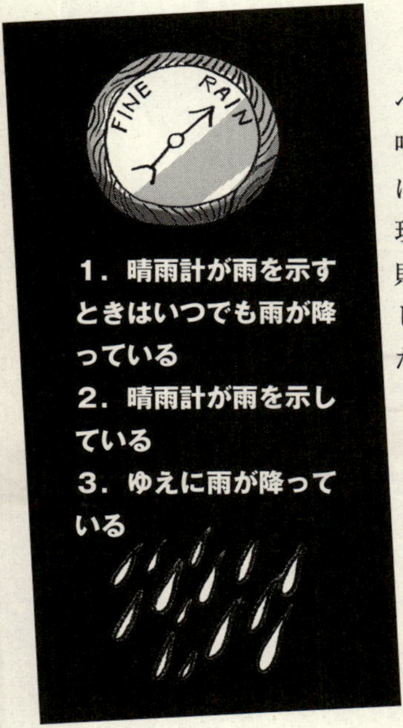

FINE
RAIN
１．晴雨計が雨を示すときはいつでも雨が降っている
２．晴雨計が雨を示している
３．ゆえに雨が降っている

ヘンペルの提唱する方法では、どちらの理屈も自然法則としては同じように可能だ。

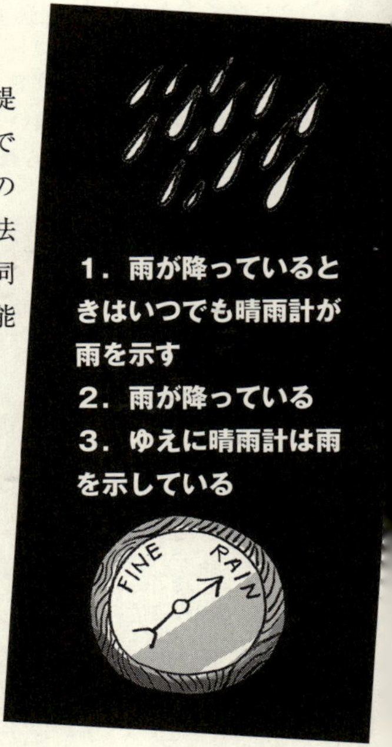

１．雨が降っているときはいつでも晴雨計が雨を示す
２．雨が降っている
３．ゆえに晴雨計は雨を示している
FINE
RAIN

ヘンペルへのポパーの返答

因果の考えは法則学的モデルを救済するのに十分ではない。今日法則学的演繹法を信じる者はほとんどいない。特定の観察によって特定の法則を裏付けるという考え方は衰退した。それに代わる別の提案がカール・ポパーによりもたらされた。

論理的には、Fが自然法則ならGは起きるだろうというのは、Gが起こらなかったらFは自然法則でないというに等しいのです。だが、この2つの間には、それらを確認するための私たちの能力の面で重要な違いが存在します。
前者は全てのGを確かめることを要求します。これは過去に起こった全てと未来に起こりうる全てをチェックする必要があり、現実的に不可能です。
だが後者は、Gが起こらない場合がただ一つあれば、Fが法則でないと説得するには十分です。
THEOR

ポパーはこのことを彼の科学的法則論の基礎にして進んだ。ポパーによると、科学を行う適切な方法は理論の裏付けを探すことではなくむしろ理論の反駁を試すことである。

裏付けの問題を取り除くことで、ポパーは帰納法の問題が解けたと考え、科学が強固な論理的基盤の上に立ったと考えた。

ポパーの反駁論

もしある場合に理論が反駁されるなら、背理法とよく似た演繹法を使ってその理論を棄却する。ポパーの提案は科学者たちが実際に行っているやり方と一致していた。ニュートン物理学を終焉させた例を考えてみよう……。

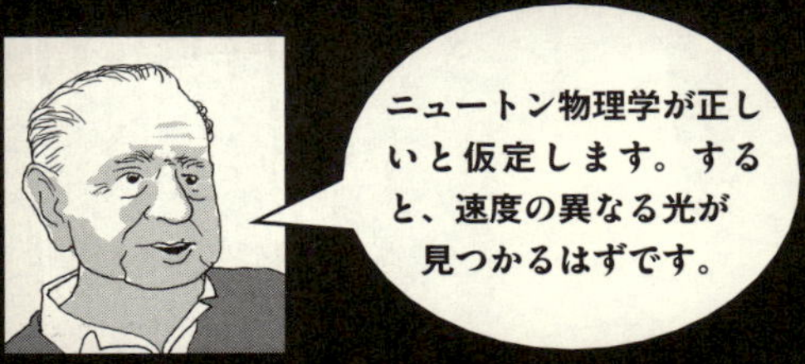
ニュートン物理学が正しいと仮定します。すると、速度の異なる光が見つかるはずです。

ある理論が拒絶されると、その理論の結果全てに加え、新たな実験データも説明できる新しい理論を求めて競争が始まる。もし同じデータを説明できる理論が2つ残ったら、単純な方を選べばよい。
実験から速度の異なる光は発見されていない。ゆえにニュートン力学は真ではない。
科学は未知のことを発見し続けている。そして、どんな理論も、より多くの事実を説明できる理論に取って代わられる。
一度新たな理論に落ち着くと、反駁の試みが再び始まる。

実行可能理論の確率

ポパーの反駁あるいは「反証可能性」理論は、帰納法を科学的方法論における中心的役割から退かせた。このことは帰納法の正当化に関する全ての憂慮と、その裏付けに対するヘンペルの憂慮が回避できたことを意味している。

観察結果の全てを説明すると共に、これまでの理論でうまくいかなかった正しい予測をすることが理論の役割となるので、新しい理論はより多くを説明しなくてはならない。科学が発展するにつれて、その理論は常識から遠ざかり、どんどん奇妙なものとなるのだ。

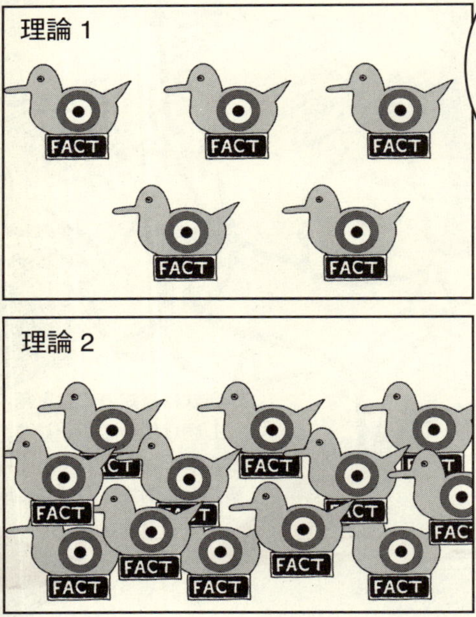
理論 1
FACT
FACT
FACT
FACT
FACT
理論 2
FACT

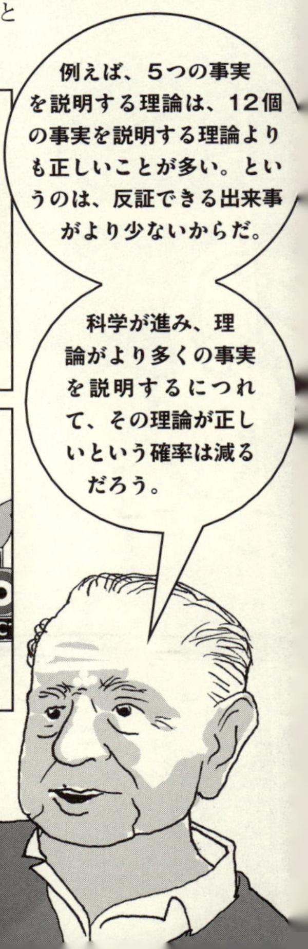
例えば、5つの事実を説明する理論は、12個の事実を説明する理論よりも正しいことが多い。というのは、反証できる出来事がより少ないからだ。
科学が進み、理論がより多くの事実を説明するにつれて、その理論が正しいという確率は減るだろう。

しばらくの間はポパーの考え方に傾倒する者がたくさん現れた。それは**ウィラード・ヴァン・オーマン・クワイン**（1908－2000年）が1951年に「経験主義の2つのドグマ」を発表するまで続いた。ポパーの考え方は実験結果によって特定の科学理論を反証しうるというものだった。例えば、水星軌道の観測結果観測軌道はニュートンの万有引力の法則を反証[58]した。

確かに水星軌道の観測はニュートンの理論を反証できます。もし観測が正しければですが……。
そして、もし光学の諸法則が正しいとしたらですが……。
さらに、もしここと水星の間に未発見の妨害物はないとしたら……などなど。
うん？
つまり疑わしい1つの理論に代わって、たくさんの疑わしい仮定が出てきます。そのどれもが実験による反駁で原理的に反証されるかもしれません。ではどれが誤ったものかわかりますか？
しまった!?

クワインの「信念の網」

クワインの見解では、なぜニュートン力学を拒絶して光学の諸法則を受け入れるべきかについて、ロジックの言い分は何もない。文の集合が矛盾を導く場合、少なくともそのうちの一つは偽に違いないが、それがどの文なのかを見つける方法をロジックは教えてくれない。光学の諸法則が再三再四観察されてきたということは役に立たない。私たちが信頼している測定が見込み違いであることも論理的にはありえるからだ。

この考え方を極端に広げると、「反証」のいかなる場合も当該の理論だけでなく信念丸ごとを脅かしうるものだといえます。
どちらの信念が誤った結論につながるかを論理的に引き出す方法はないのです。

クワインの批判は次の疑問を呈する。「田舎は美しい」という信念はどの程度、ニュートン力学の疑問に影響を及ぼしたり関係したりするだろうか？

私たちの信念は全てつながっていて全体を形成している。私はこのことを「信念の網」と呼びます。

網は周縁で経験に接するのみだが、経験と照合されるのは全体としての網であるとクワインは考えた。

網の修正

縁に近い柔らかな部分における網の変化は他の部分にあまり影響を与えないが、網の中心における特定の信念の変化は網全体に影響するだろう。核心となる信念が変化したら、聖パウロのキリスト教への改宗のような大きな変化が起こるだろう。

私の網の大半を再調整しなければなりません。
でも、オーストラリアで黒い白鳥が見つかったとき、少ししか変更しなかったですよ。

クワインは次のように述べる。「地理や歴史に関するありふれた事柄から原子物理学の深遠な法則そしてさらには純粋数学やロジックにまで、いわゆる知識や信念の総体は、縁に沿ってだけ経験に作用を及ぼす人工の織物だ……外周部で経験と衝突が生じれば網の内部において再調整がなされる」。

私たち自身の信念のどれかが経験により反証される場面に直面するとき、疑われるのは網全体である。クワインによれば、私たちは新たな環境に順応するための修正はできるだけ少なくしようとする。つまり私たちは網の堅い部分よりも柔らかい部分を変えようとするのだ。

私たちは他のものでなくニュートン力学を棄却することを選んだ。なぜならそれが網に加える変更が全体としてより少ないからです。
E=MC²
とはいえ、ロジックの法則は潜在的に修正可能なのです。

不十分な証拠

このような信念の網がもたらす結論は科学が「決定不全」だということ、つまり、私たちが科学的に信じる真理を論理的に保証するには十分な証拠がないということだ。これは、私たちがどんな命題の真偽を判定するためにも信念の網全体をうまく記述するたくさんの隠れた前提を必要とするからである。クワインが強調するように、網は縁でのみ経験に触れる。経験が教えてくれることはほんの少しだけで、網のほとんどは私たち自身が作り上げたものだ。

私たちの網全体に最小の変化を加えながら私たちの経験をうまく説明できるなら、科学的命題は真だとみなせます。
例えば私たちが、アリストテレスのような根本的に異った信念の網をもっていたとしましょう。その時は、全く違った命題が最小の影響で経験を説明することになるでしょう。

世界に何が存在するかというような基本的な質問でさえも私たちの信念全体に照らし合わせてのみ答えられる。

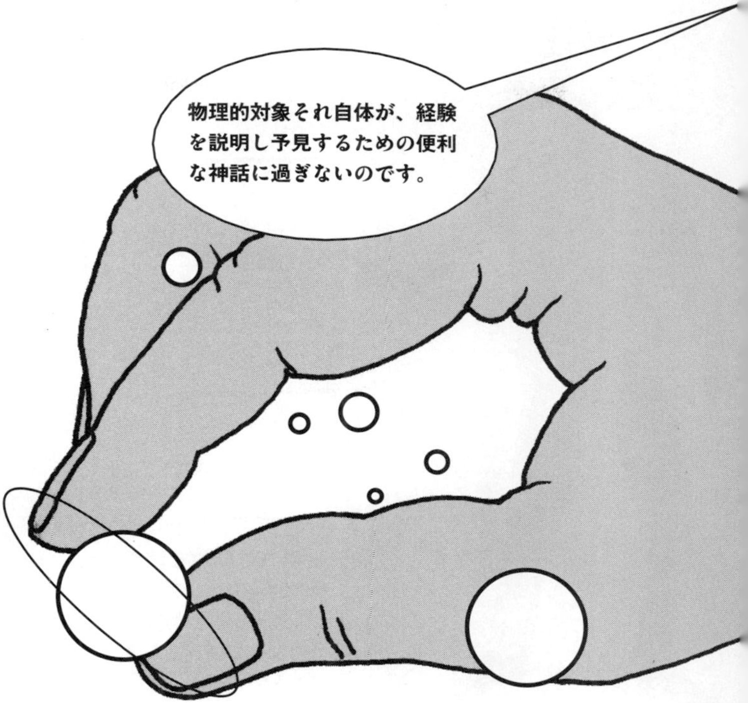
物理的対象それ自体が、経験を説明し予見するための便利な神話に過ぎないのです。

「物理的対象は都合のいい仲介物として、観念的に状況に持ち込まれる。それは経験の言葉による定義ではなく、認識論的にはホメロスの神々と同じように還元できない仮定に過ぎない。しかし言っておくと、素人物理学者の私は物理的対象を信じてもホメロスの神々は信じないし、それ以外の信念は科学的に間違いだと考える。でも、認識論的立場から言うと物理的対象と神々は程度の差でしかなく本質的に異なるものではない」

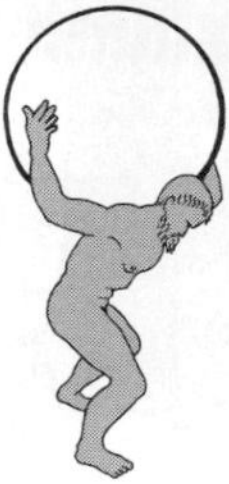

クワインの相対主義

クワインの考え方は多くの人々を刺激して、科学を通じて世界についての客観的真理に到達しようという希望を放棄させた。そこで持ち上がったのは科学についての相対主義であった。

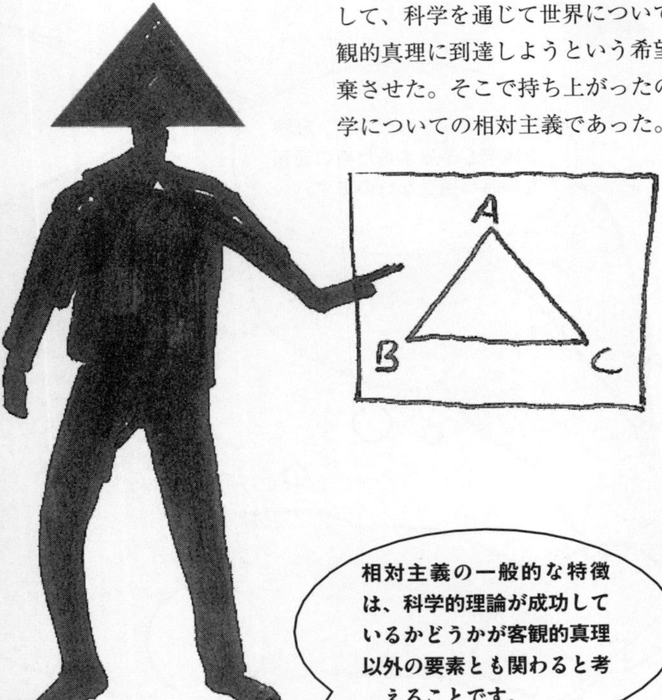
A
B
C

相対主義の一般的な特徴は、科学的理論が成功しているかどうかが客観的真理以外の要素とも関わると考えることです。

クワインは「単純さ」で理論を選択することに疑問を投げかける。ある理論を他より単純にしているのは何なのか？　単純さの代わりに、政治や金融利益と同じような多様な理由で対抗する理論を選べるし、あるいは実用的な有利さや美的好みを理由としても選べることを哲学者たちは示唆した。

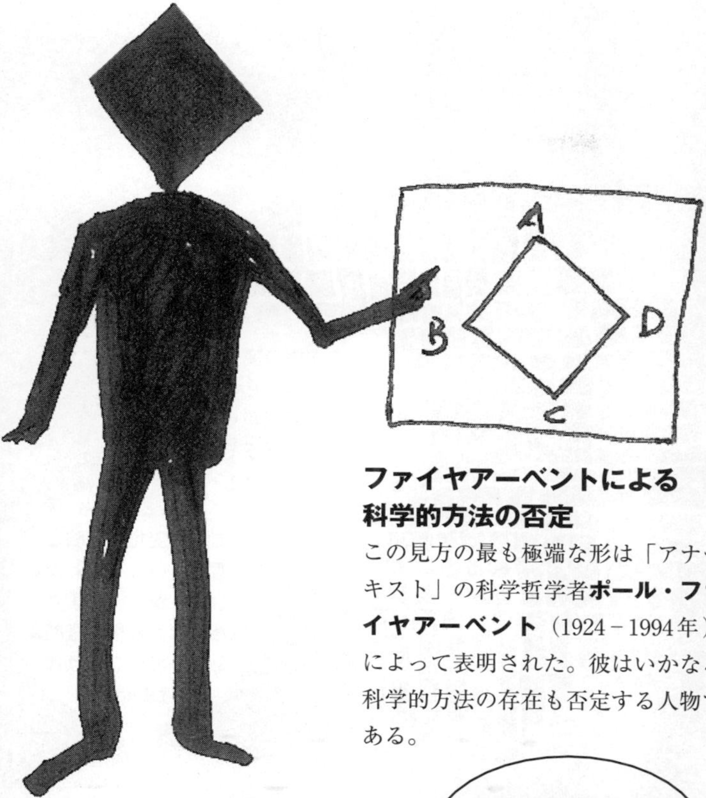
A
B
D
C

ファイヤアーベントによる科学的方法の否定

この見方の最も極端な形は「アナーキスト」の科学哲学者**ポール・ファイヤアーベント**（1924－1994年）によって表明された。彼はいかなる科学的方法の存在も否定する人物である。

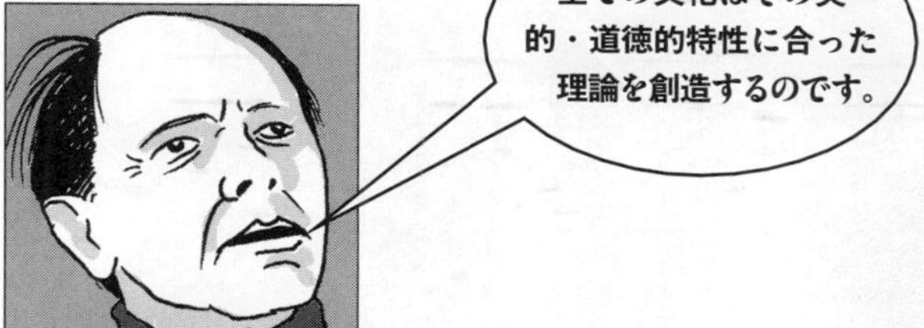
全ての文化はその美的・道徳的特性に合った理論を創造するのです。

デイヴィッドソンのクワインへの応答

ドナルド・デイヴィッドソンは科学的方法を拒絶することにはかなり疑念をもっていた。彼の反論は、ロジックが原理的に修正可能だというクワインの信念に対するものを皮切りにしている。

私たちが網の変え方を知るには、その網がとりうる変化から何が導かれるか判断できるようになっているべきでしょう。
他にどうやって網の変化が経験と矛盾しないことがわかるでしょうか？　つまり、私たちはある種の証明論をもっていなければいけません。

これは私たちがある種のロジックを避けられないだけでなく、この証明論自体が修正可能であるはずがないことを意味している。もし証明の手法を変えることができたら、結果がどんなものになるか見当がつかないからだ。つまり、少なくとも網は変化できない核をもつべきなのだ。

真理の提示

デイヴィッドソンの相対主義への不満はさらに続く。もし私たちの網が純粋に「信念の網」であるならば、それは真理を標的にしていると仮定しなければならない。何かを信じることと、それが真理だと信じることは同じだ。だから、全ての網は同じ真理の土台を共有すべきなのだ。

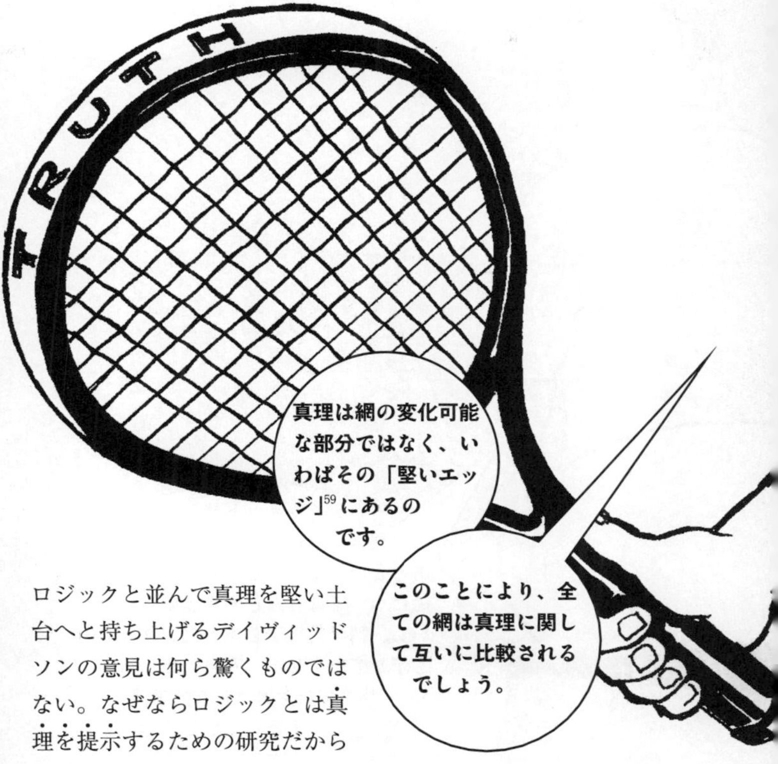
TRUTH
真理は網の変化可能な部分ではなく、いわばその「堅いエッジ」59 にあるのです。
このことにより、全ての網は真理に関して互いに比較されるでしょう。

ロジックと並んで真理を堅い土台へと持ち上げるデイヴィッドソンの意見は何ら驚くものではない。なぜならロジックとは真理を提示するための研究だからである。

堅いエッジの真理と相対主義

デイヴィッドソンは科学とは決定不全であるというクワインの考え方を受け入れたが、網全体が修正可能という彼の考え方は拒絶した。網の修正可能な部分は、ロジックの中心核と真理の堅いエッジの間に張られている。真理は、変化し続ける網の構造を支える堅強な基礎を与える。

それら2つの間に捕えられていては、事実を無視して、自分たちの信念を修正するという余地はありません。
デイヴィッドソンは科学は真理に接近する方法であるといいます。しかし、彼はその方法についてほとんど何も提案していないし、科学的手法を正当化できる理由も示していません。そのため、筋金入りの相対主義者たちは説得できませんでした。

認知科学とロジック

科学方法論としてロジックが重要なのは当然として、表立ってロジックを利用したり、強く論理的でありたいと望む科学が存在する。このような動機はコンピュータから来ている。電子回路について何も知らなくてもコンピュータプログラムについて語れるのと同じように、ほとんど未知の脳細胞システムの働きを考慮せずに人間の意識を理解することを望んでいるのが認知科学だ。

コンピュータに対して私たちは電子回路を意識せずにやっていけます。なぜなら論理的システムとして動くようにつくったからです。
認知科学での一般的仮定は心も同じような論理的システムだというものです。

チューリングはこの仮定を強く支持していた。これが、最初のデジタルコンピュータを創るために挑戦を繰り返した彼の動機になったのだ。認知科学ブームのほとんどがチューリング機械の成功とチョムスキー言語学の台頭によるものだった。

チョムスキーの普遍文法

ノーム・チョムスキー（1928年－）の関心は言語学習の中心的問題に向けられていた。当時、子供は大人の真似をすることで言語を習得すると考えられていた。しかし、子供たちは決して耳にしたことのないような文も文法的に正しく組み立てられることが実験で示されている。３歳児は大人の文法を正すことはあるが、事実を巡って大人と議論することは決してない。

限定詞　形容詞　名詞
動詞　名詞句
これを説明するため、私は先天的な「普遍文法」が存在するはずだと提案しました。子供は皆、特定の文法規則が脳に組み込まれた状態で生まれるのです。

言語学習の過程で、子供は語句だけでなくこれらの語句が既得の文法規則の中でどこに位置するのかを学んでいます。
ウェールズ語
スロバキア語
チェコ語
ポルトガル語
英語
フランス語
ウルドゥー語
語彙
ヒンズー語
節の構成
アラビア語
性
語順
普遍文法

彼によると、人間にとって先天的な普遍文法は全ての人類の言語を組み立てるのに十分なものだ。つまり全ての人類の言語は同一の普遍構造に基づいている。普遍文法はいくつかの可能な形態があり、それらが各言語の文法を決める。その形態には語順があり、性別のある名詞や動詞をもつもの、もたないものもあり、どのように節を構成するかが決まっている。

名詞と動詞のカテゴリー

私たちが先天的にもつ文法は語を体系的なカテゴリーに分ける。子供はこれらのカテゴリーを備えた状態で生まれてくる。そして語彙を学びながら、言葉をどのカテゴリーに置くべきかも学ぶのだ。これらのカテゴリーは、2～3の単純な統語規則とともに文を形成するための語のつなぎ方を定める。特に重要な2つのカテゴリーが名詞と動詞である。

いかなる言語の文も名詞句と動詞句に分けられる。「豚が飛ぶ」[60]という単純な文について考えてみよう。これは以下のように分割される。

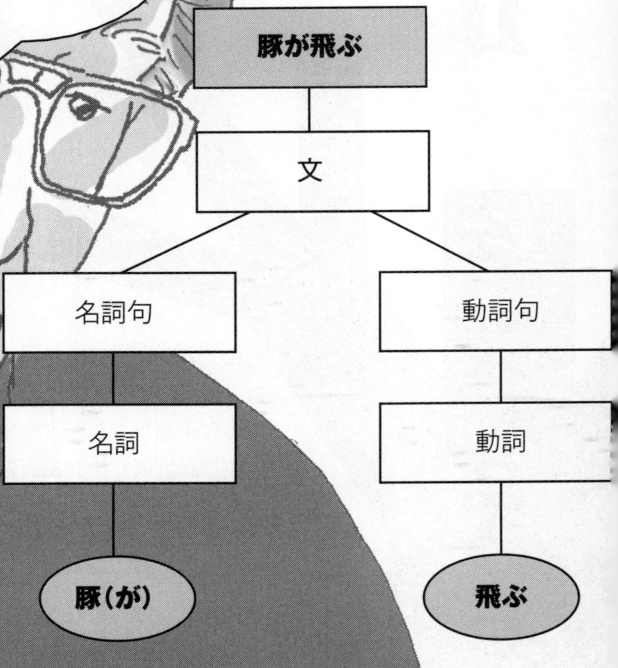
豚が飛ぶ
文
名詞句
動詞句
名詞
動詞
豚(が)
飛ぶ

もちろん、このように単純な文は稀です。大抵の文ははるかに複雑になります。文には名詞と動詞以外も含まれます。例えば、「豚が家まで飛ぶ」[61]というのは以下のようになります。

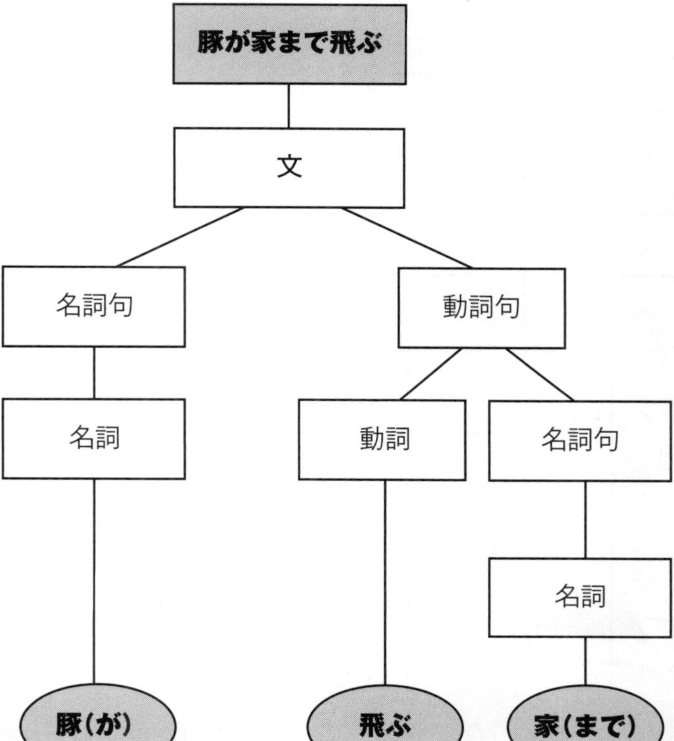
豚が家まで飛ぶ
文
名詞句
動詞句
名詞
動詞
名詞句
名詞
豚(が)
飛ぶ
家(まで)

チョムスキーは名詞句や動詞句だけでなくさらに別の文も含んで構成される複雑な文についても説明する必要があった。例えば、「**ジョンは豚が飛ぶと思っている**」[62]という文は以下のようになる。

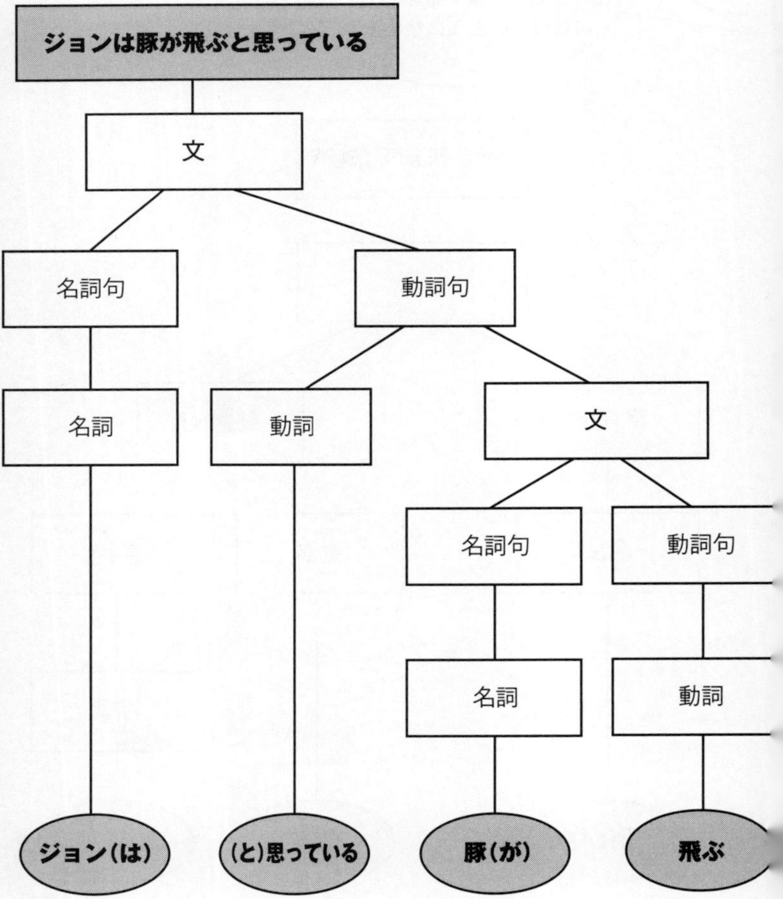

ジョンは豚が飛ぶと思っている
文
名詞句
動詞句
名詞
動詞
文
名詞句
動詞句
名詞
動詞
ジョン(は)
(と)思っている
豚(が)
飛ぶ

文法の再帰規則

普遍文法の構成規則は再帰的なものである。「再帰的」とは、規則や定義や手続きを繰り返して結果に適用するという意味だ。チョムスキーはこのような構成規則が無制限の長さの文を扱える唯一の方法だと信じた。しかし、それだけでは十分ではなかった。言語は多種多様な言語学的構造をもつことができ、その多くが新たな組み合わせ規則を必要とする。最終的に、多くの追加規則が現れ、チョムスキーは自身の理論を支えるために深層構造[63]を必要とした。

文法の普遍規則
実際の文（無限）

言語の多様性を説明するためにさらなる規則が必要になりましたが、その新たな規則は全て同じ基本的な再帰パターンに従っているようにみえます。
このパターンを確認することで、私たちはそれらの規則を単一の、より抽象的な文法に戻して関連づけられます。

Xバー理論

チョムスキーは再帰的規則の簡単な集合であらゆる文法句の構造を説明できると主張した。彼はそれに「Xバー理論」という面白い名前をつけた。

Xバー理論では、XとYが文法のカテゴリーを表し、XバーとYバーは対応する文法句を表す[64]。これらに関する単純な構成ルールは、$\bar{X}$ = X + $\bar{Y}$というものだ。これは再帰的に適用される単純な式である。

例として「隅にある時計（the clock in the corner)」という句を考えよう。

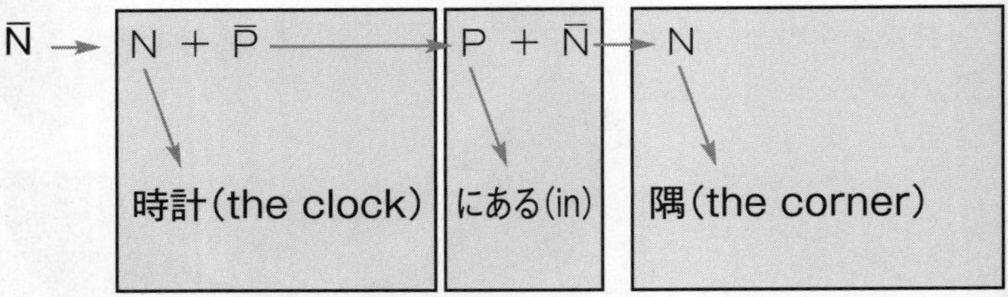

鍵：	
$\bar{N}$	名詞句
$\bar{P}$	前置詞句
N	名詞
P	前置詞

論理回路理論

チョムスキーはXバー理論が言語学習の過程と人々の直観的な母国語の理解力の両方を説明できるものだと信じていた。語順と変形規則に関する適切なしくみを補えば、Xバー理論があらゆる言語における全ての文法構造を説明するのに十分なものだとチョムスキーは考えたのだ。

Xバー理論はロジックの理論である。なぜなら、内容よりもむしろ形式に関わっていて、２〜３の単純なルールを連続して適用することにより記号列を構成するものだからである。

私たちは論理的なプログラムとして記述できる言語のしくみを脳に備えて生まれてきたと私は信じています。

もしチョムスキーが正しければ、私たちの自然言語の理解は生来もっている文法に基づいた計算に還元されることになる。

この考え方に影響を受け、脳もチョムスキーの方針に沿って言語を操る複雑なコンピュータと同程度のものだと公言した有名な哲学者たちもいた。

統語論と意味論の問題

チョムスキー言語学は自然言語を「モデル理論」的に考察する方向に向かった。チョムスキー自身の関心は意味論よりも統語論にあったが、英語のような言語にとって統語論と意味論は完全に分離することのできないものだと悟ったのだ。

チョムスキーは、統語論的に一見正しく形成された文でも、実は無意味になるものがあるのはなぜかを解き明かすためには、各語の意味に目を向けなければならないことに気づいた。

私は彼女を

この文は純粋なSVO（主語＋動詞＋目的語）の文に見えますが、何だか変です[65]。
この文は文法違反とはいえません。この形の文のほとんどは全く問題ありませんから。例えば、
「私は彼女を首にした（I fired her）」のように。

叫んだ (I cried her)

文法上正しい文と正しくない文の違いは動詞の意味によるものに違いない。

この理由で、私は語の働きを説明するたくさんの基準を導入しました。
これらの基準は、文を形成する時にどの語が結合できるのかを、名詞句と動詞句の単純な区別だけでなく詳細に決めるものです。

チョムスキーは語が能動態か受動態か、意図を含むかどうかなどを記述するカテゴリーを提案した。これらのカテゴリーの働きを統制する規則は非常に複雑な意味論モデルの一部を形成し、今もそのモデルは改良され続けている。

複雑な文法構造

チョムスキー言語学は、英語やフランス語のような明確な構造をもつ言語を扱っているうちは大変な成功をおさめた。しかしこれらの言語にもいくつもの方言（例えばコックニー俗語[66]やパリの逆読み[67]など）や、多数の地域訛りが存在する。チョムスキー言語学はそれらを全て説明したいと熱望した。そのために、文法構造の層をさらに積み重ねることを強いられた。

深層文法
（Xバー理論）
単純な階層でもこんな感じになるでしょう。

音韻体系
（発音の問題）
論理形式（文法に反映された意味問題、例えば「私は彼女を首にした」は文法的に正しいが「私は彼女を叫んだ」は正しくない）
表層文法
（語順など）

チョムスキーの階層構造の各層には膨大な情報と固有の再帰規則の集合がある。この構造は言語の語彙や語形論（語自体の構造）のような他の複雑な構造とともに機能する。

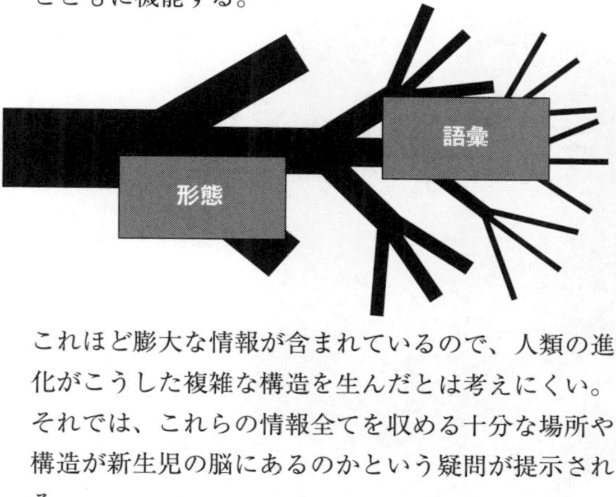
語彙
形態

これほど膨大な情報が含まれているので、人類の進化がこうした複雑な構造を生んだとは考えにくい。それでは、これらの情報全てを収める十分な場所や構造が新生児の脳にあるのかという疑問が提示される。

「普遍」文法の問題

普遍文法を仮定することは、スラブ語、セム語、土着民族の諸言語など西ヨーロッパ以外の言語を調べてみるとさらにぐらついたものになる。これらの言語では、語順というのはほとんど取るに足らない。いくつかの有意味な構造が他よりよく使われることはあるが、文法違反の構造はほとんどない。

僕らの中には時間が循環すると考える者もいる。そのため僕らの言語には相対的な時制がありません。
抽象名詞をもたない言語もあるわ。私たちの言語にはあなたが生得的としている語のカテゴリーが抜けているの。

実在する言語で抽象名詞が欠如している事実は、言語がそれ抜きでも存在できることを証明している。するとそれらを人類みんなが備えて生まれてきたかどうかに疑問が生じる。

けれども、言語の学習がこれほど速く正確である理由を説明できなくてはなりません。これに公理の有限集合を用いるのはうまい方法なのです。

生成言語学はまだ新しい科学なので、難題に対処するためには理論を進化させなければならないと念をおしておきたい。現時点では、これ以上のいい説明がないだけなのだ。

記号的脳モデル

チョムスキー言語学の成功に影響され、多くの哲学者や心理学者たちは、チョムスキーが言語を説明しようとしたように、人間の全ての心的生活を説明したいと切望した。心は脳における莫大な論理的操作の結果だと彼らは考えた。このプログラムは大まかに2つの陣営に分かれ、それぞれが異なる論理体系をもっている。これらはＩロボットとＹロボットという2つのモデルで考えることができる。

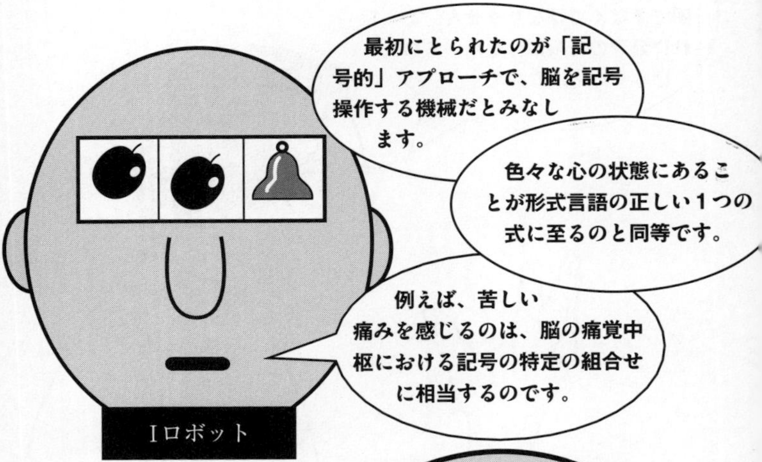
最初にとられたのが「記号的」アプローチで、脳を記号操作する機械だとみなします。
色々な心の状態にあることが形式言語の正しい1つの式に至るのと同等です。
例えば、苦しい痛みを感じるのは、脳の痛覚中枢における記号の特定の組合せに相当するのです。
Ｉロボット

アアイイイタイ!!

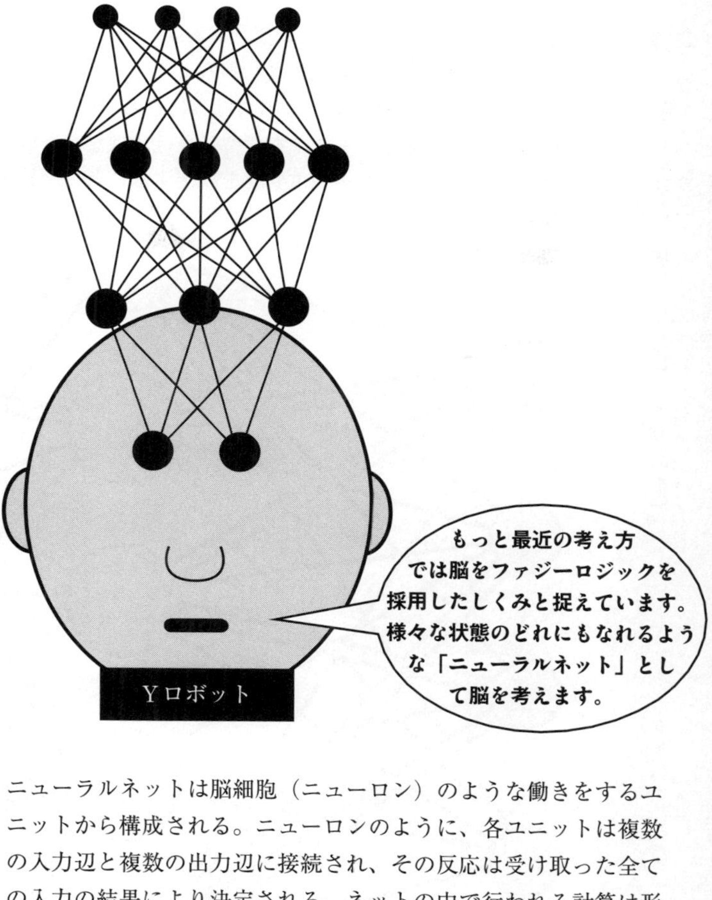
Yロボット
もっと最近の考え方
では脳をファジーロジックを
採用したしくみと捉えています。
様々な状態のどれにもなれるよう
な「ニューラルネット」とし
て脳を考えます。

ニューラルネットは脳細胞（ニューロン）のような働きをするユニットから構成される。ニューロンのように、各ユニットは複数の入力辺と複数の出力辺に接続され、その反応は受け取った全ての入力の結果により決定される。ネットの中で行われる計算は形式的演繹操作と同種ではない。

その働きをモデル化するために私たちがもっている唯一の方法は統計学的なもので、そのため個別のネットについてはほとんど何もわからない。

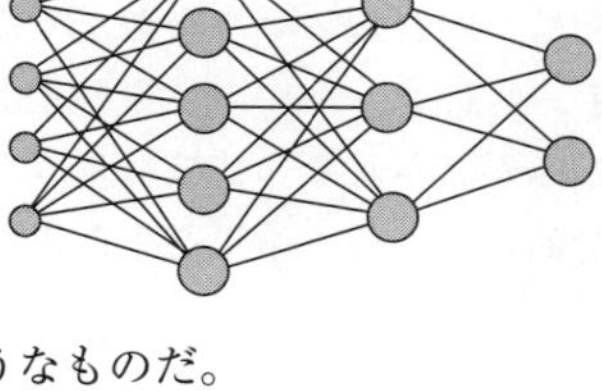

単純なニューラルネットは右のようなものだ。

ニューラルネットの訓練

ある書かれた文から正しく英単語を「発声」するようにニューラルネットを訓練したいとする。入力は文字で出力は音になる。「ニューロン」はこの2つを正しく関連づけることを学習しなければならない。システムは入出力辺に様々なレベルの重要度を設定することで学習する。これは（図において線で表された）各結合辺に様々な数を割り当てることでなされる。

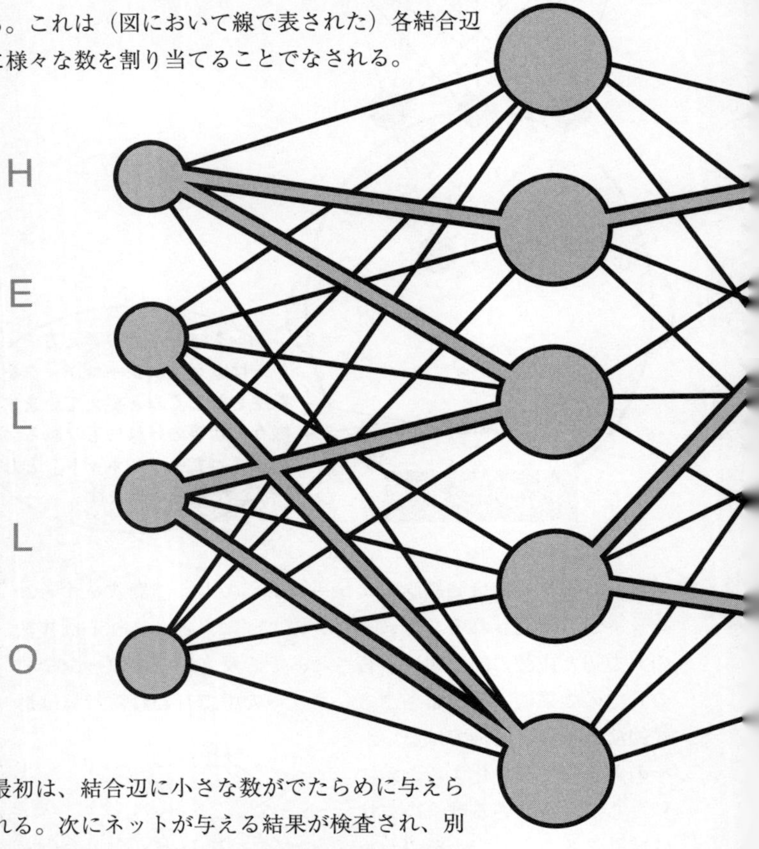

最初は、結合辺に小さな数がでたらめに与えられる。次にネットが与える結果が検査され、別の重みが試される。機械は重みを変更しながら統計的に改善した結果を生み出す。

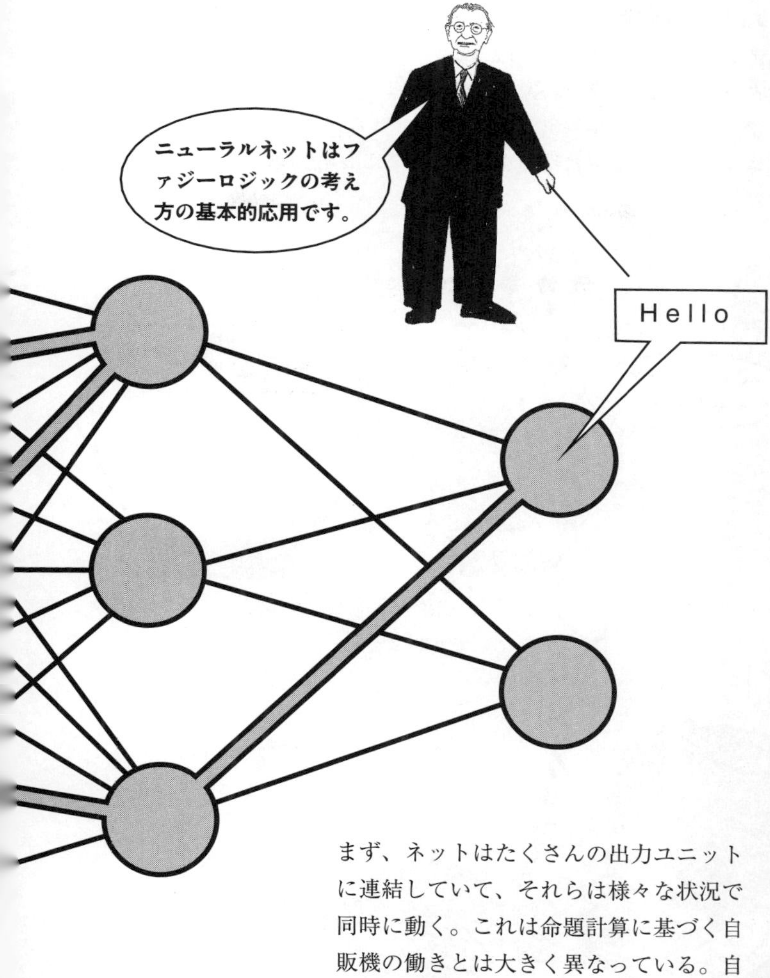
ニューラルネットはファジーロジックの考え方の基本的応用です。
Hello

まず、ネットはたくさんの出力ユニットに連結していて、それらは様々な状況で同時に動く。これは命題計算に基づく自販機の働きとは大きく異なっている。自販機では各状態に常に１つの出力があった。そして、連結辺に与えられた様々な重みはファジーロジックの様々な真理値と数量的に対応する。

パターン認識

デジタルコンピュータと比べて、ニューラルネットは特にパターン認識が得意だ。通常のコンピュータが苦手であろう文章から語の音を生み出すことに優れているのもそのためだ。ニューラルネットに楽曲を認識させることも問題ない……。

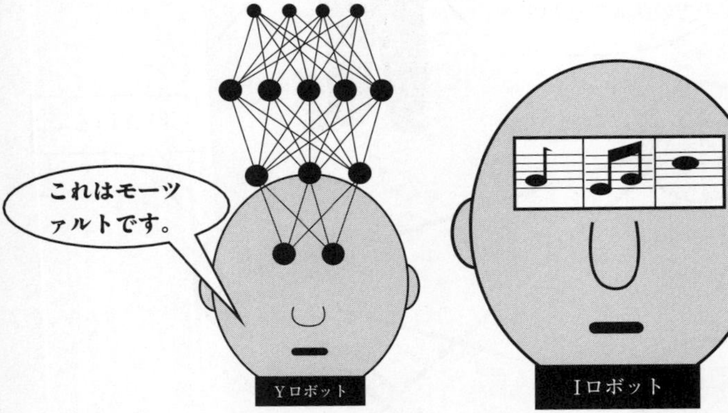
これはモーツァルトです。
Yロボット
Iロボット

でも、その楽譜がどんなものかはよくわからない。

デジタルコンピュータは簡単に楽譜を読めるが、曲を認識することはとても難しい。

人間の脳はYロボットと同様の働きをするようだ。カテゴリー分類はとても簡単にできるのに、数学のやり方を学ぶのには多くの年月を費やしている。

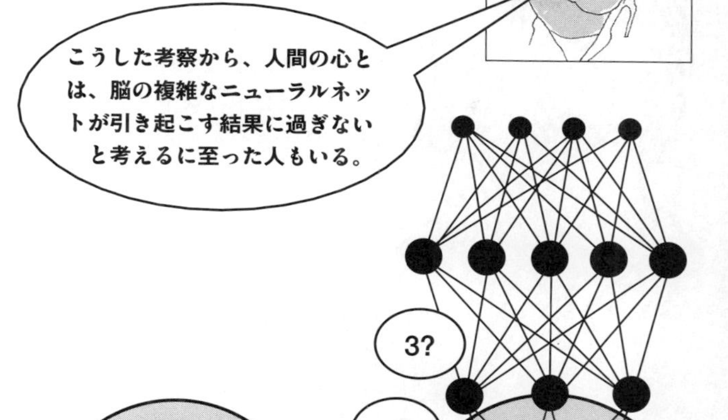

こうした考察から、人間の心とは、脳の複雑なニューラルネットが引き起こす結果に過ぎないと考えるに至った人もいる。
3?
7?
5?
65?
22?
44?
2+2=
Iロボット
Yロボット

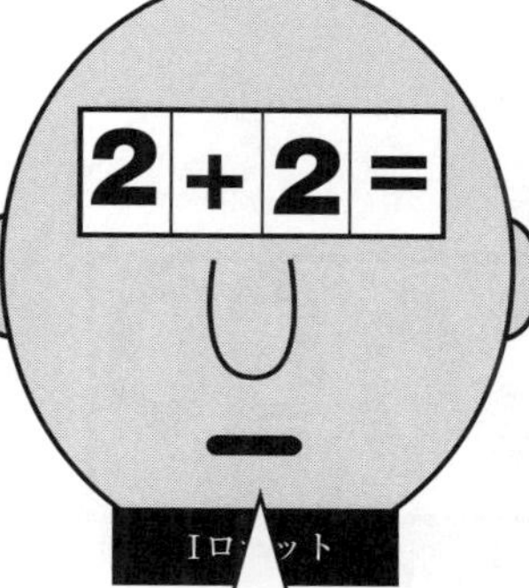

ニューラルネットは体系的な記号操作がとても苦手だということです。

これはニューラルネットが数学や論理的推論、文法学習のようなことがとても下手だということ。

合理的行動モデル

心に関する有力な仮定は、心を合理的な行動をとらせる規範として捉えるというものだ。この説に従えば、自覚的な心の特徴の１つは、理性を代行するものになる。ある認知心理学者は、人間の脳に備わった合理的行動のモデルによってこれが可能になると考えている。私たちは自分の心理的行動や他者の行動の意味をこのモデルによって理解していると主張する。これはアリストテレスの実践的三段論法[68]に基づくものである。

私の論理的三段論法は、妥当な結論に到達するための妥当な議論の形式に関するものでした。
GO GO GO
実践的三段論法では行動のための妥当な判断に到達します。

実践理性

実践的三段論法では、最初の前提は願望の文となる。

例「私は食べたい」

２番目の前提は信念の文である。

例「冷蔵庫には食べ物がある」

これらがとるべき行動の内容を提言する結論を導く。

例「私は冷蔵庫のところへ行くべきだ」

私たちは必要性から目標を導くような「審議機関」をもっているともいわれる。これらは私たちのもつ世界像と合わせて、行動を判断している。このようなものを「信念／願望」モデル[69]と呼ぶ。

認知心理学者の多くは、私たちの心にはある世界像が備わっていると信じています。そこには、私たちが真理と思う多くのことが含まれているのです。

意識とは何か？

ほとんどの認知心理学者や心の哲学者たちはこの「実践的」観点を支持しているにもかかわらず、いまだに解決されない多くの意見の不一致がみられる。

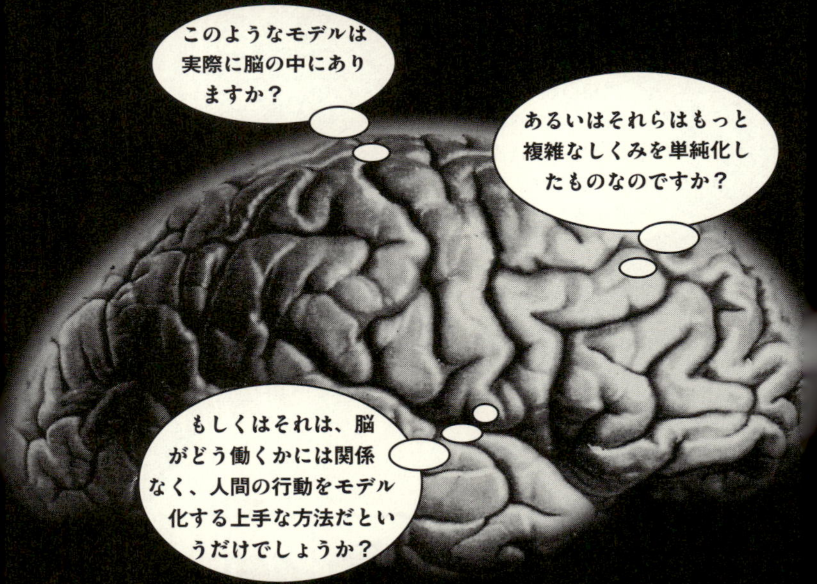
このようなモデルは実際に脳の中にありますか？
あるいはそれらはもっと複雑なしくみを単純化したものなのですか？
もしくはそれは、脳がどう働くかには関係なく、人間の行動をモデル化する上手な方法だというだけでしょうか？

違いは何であれ、彼らはみな脳を合理的思考の規則に従った機械として捉えているのだ。私たちの意識的生活は脳内の電気化学反応の結果であり、非常に複雑な論理操作機械を実現化したものである。これが納得のいくものであろうとなかろうと、人間の意識であるコンピュータプログラムの解読には多大な努力が費やされている。

ロジックの世界

ロジックは人間が抱くあらゆる疑問に入り込む。よい議論は論理的であるべきで、論理的規則に従ってこそ、結論が前提から導かれることを示せるのだ。ロジック自体が何かを主張することはほとんどない。それは分析法というツールなのだから。

では、ロジックは多数派の利益が少数派の利益よりも重いことをいうものではないのですね？[70]
はい。ロジックではそのような主張はできません。でもある前提からその結論にたどり着く方法をあなたに教えることはできます。

ロジックはこれ以外にも使える。現代ロジックは統語規則に力点を置いて発展し、デジタル回路から言語分析まであらゆることに応用されるようになった。

ウィトゲンシュタインの視点の変化

ロジックは私たちの生活と切り離せないものになっている。しかし全ての人がロジックを不可欠なものと納得しているわけではない。ウィトゲンシュタインは晩年、彼が若い頃にもっていたロジックへの信奉を捨てた。チューリングとの有名な対話の中で、彼は理論的懸念を超えて実質的な結果を求めることを強く訴えた。ロジックの役割に対する懐疑は哲学の新たな視点となった。

ウィトゲンシュタイン先生は、哲学において重要なのは議論ではなく、人々が新たな観点から物事を見られるようにすることだと考えるようになりました。
哲学の仕事は、建築の仕事としばしば似ていて、実はむしろ自分自身に関する仕事です。自分をどうとらえるか。ものをどう見るか。

「人生の問題」に対する解決策を発見したと信じる人がいたとしよう。彼が自身を論駁するためにはこの「解決策」が発見されなかった時があったことを思い出すだけでいいだろう。その時もその人は生きていなければならなかったはずだが……。

そして、これこそがロジックに起こっていることなのです。
もし論理的問題に対する「解決策」があったとすれば、かつて解けなかった（そしてその時も人は生きて考えていなければならなかった）ことをただ思い起こせばよいのです。

当然のことだが、ロジックがこのように確かな成功を謳歌する時代になり、ウィトゲンシュタインの考え方に追随しようとする人はほとんどいなくなった。実際、ロジックは科学、数学、工学などの基礎を築く役割を担い続けている。

ではスポック、どう思う？　ちょっとかっこいいワザだろう？
西洋文明全体がその「かっこいいワザ」から計り知れないものを作ってきました。

それが思考や言語にどれくらい本質的かはわからないけれど、体系的な思考力、順を追って考えを示す能力は、多様な内容に応用されてこそ本当の強みになるはずです。

訳者補注

1 フランスの社会主義者・無政府主義者ピエール・ジョゼフ・プルードンの言葉「La propriété、c'est le vol!」(1843年)。カール・マルクスのスローガンとしても有名。
2 前提となる主張が現実に真であるか否かはロジックの問題ではない。それを真と認めたときに途中の主張を含めて結論も全て真となる議論が**真理保存**である。
3 アリストテレス『命題論』における「量による分類」。その他に、肯定・否定を分ける「質による分類」がある。
4 主語＋述語で構成される文。
5 イギリスのフットボールクラブ。
6 ムハンマドは山を動かすと予告し、集まった聴衆の前で山を呼んでみるが、動かないので、自分が山に歩いていったという。
7 厳密に訳せば、「１つの『新オルガノン』」となる。『新オルガノン』は、ライプニッツが登場する少し前、1620年にフランシス・ベーコンが著した本の書名として知られる。
8 1670年代半ばに計算機を考案したライプニッツは、この手紙(1679年４月)で自分のアイデアが(ルルスの術より)いかに優れているかを訴えた。彼の計算機はまだ四則演算程度しかできなかったが、現代の計算機がするようなことができるようになると確信していたようだ。
9 ポール・エドワード編。1967年にマクミラン社から８巻本で刊行された。
10 プラトンの『パイドン』に描かれたソクラテス最期の場面から。彼は死刑執行人に言われるまま毒杯を飲み干し、少し歩き回って横になると、足先からだんだんと体の感覚が失われていった。
11 例えば、数量を表す形容詞も性質を表す形容詞も表層文法的には変わらないが、「十人」と「白人」では論理構造が全く違う(ラッセル『数理哲学入門』)。
12 18世紀末の革命でフランスの王政は終焉し、現在のフランスに国王はいない。
13 原語はPicture(ドイツ語でBild)。「絵画」には限定されないので、数学用語としてよく使われる「像（image)」を訳語にあてることが多い。
14 ベルギーの画家ルネ・マグリットの1928－1929年の作品《これはパイプではない》は、哲学者フーコーによる1973年の同名の本で西洋の表象システムの分析の鍵として取り上げられた。
15 ポロックもロスコも20世紀半ばに米国で活躍した前衛画家。ポロックのペンキを撒き散らしたような作品もロスコのぼやけた窓枠のような絵も何もリアリティを表現していないというと意見が分かれるだろう。
16 ゲーデルは、オーストリア＝ハンガリー帝国内の現在のチェコに生まれ育ったが、帝国崩壊後ウィーン大学の学生時代にオーストリア市民になった。
17「複雑さ」が不完全性の根拠ではなく、算術を含んでいることが核心である。実際、自然数論を含めないならば、実数論や複素数論も完全である（タルスキの定理)。
18 数理論理学は文字通り「数学とロジックを結合させる」というべきだろう。集合論はそれ自身に数学とのつながりを包摂しており、数理論理学の主要な分野であって前提ではない。
19 ヒルベルトの証明論を含み、それよりも一般的な「形式的演繹体系の理論」のことを指していると思われる。
20「and/or」は日常英語で一つの接続詞として使われている。
21 論理回路を論理式とみなせば、全ての動作を考えることは真理値表全体を調べることに相当し、論理式の証明とみなせる。
22 ここで説明されたライプニッツの証明法は原文18－19ページの等号の4法則と同じではない。置換の規則は、以前の4法則の直前にある説明に相当するが、原文の文意がとりにくい。
23「自然演繹法」はラッセルやヒルベルトの公理的方法をやや緩めて、演繹規則中心の体系に修正したもので、特にゲンツェンの体系（1934年）が有名。
24 ラッセルは「∀x」の代わりにペアノの「(x)」を用いた。「∃x」もペアノによるが、「∀x」はのちのゲンツェンの発案。
25 ∀x で始まる文のこと。これに対して真理値表を作るとすれば、変数xにあらゆるものを代入した無限の表が必要。

26 原文で左辺は「単文」になっているが、それでは無限の文は得られない。
27 Prologの「:-」は大凡《おおよそ》「←」の意味である。
28 Prologでは「?- 月に立った最初の人（x）」と書くのが正式。
29 2009年に彼の処分の不正義について政府が謝罪し、2013年12月24日にエリザベス女王名で正式に恩赦が下された。
30 パラ（超える、反する）+ドクサ（臆見、通念）から。
31 ゲーデルは第一不完全性定理の証明が自己言及パラドクスの構造に類似していることを原論文で述べているが、この定理自体がパラドクスなわけではない。
32 この定理に対して多くの誤解や曲解が生じたことは事実だが、のちにゲーデル自身が述べたように、すぐに理解した人たちも少なからずいたようだ（田中著『ゲーデルに挑む』p142）。
33 素数2、3、5、7、……を使い、P∨￢Pに対応する数を $2^{112} \times 3^{2} \times 5^{1} \times 7^{112}$ と定めればよい。
34「計算が証明できる」という表現は誤解を招きそうだ。具体的な数値計算の答えが正しいかどうかなら証明か反証が可能である。問題となるのはいくつかの変数を含み、それらが無限個の値を取り得る文の証明可能性である。
35 直訳すれば「文の間に某かの順序関係をもつ十分複雑な形式言語」であるが、曖昧なので言い換えた。語の連結演算の体系はタルスキ（1935）によって導入され、不完全性はクワイン（1946）とグルジェゴルジュク（2005）によって示された。
36「本質的に不完全」は専門用語にもなっているが、ここでは素朴な意味で使われている。さらにいえば、本質的に不完全なのは「数学」というより「公理的方法」であろう。
37 後述の表現に言い直せば、「真となる算術式のゲーデル数は計算不可能」ということだ。
38 どんな公理系からも証明されない共通の文がある訳ではない。
39 真となる算術式のゲーデル数を並べ挙げる関数が計算可能なら、それ自身を公理系とみなすと証明も反証もできない論理式はなくなる。それは前提に反するので、この関数は計算不可能だ。

40 実数は非可算個存在するが、通常のプログラムや計算式は可算個しかない。
41 実数を無限小数で表せば、各桁に０～９の数を割り当てる関数と見なせる。
42 聖セバンティアヌスは、紀元３世紀のローマで、キリスト教迫害の犠牲になり、射矢の刑を受けたが、それでも死ななかったとも伝えられている。
43 第１分類の解決策。
44 ギリシャ神話の英雄。
45 イギリスの俳優。シェークスピア劇や米TVドラマ『新スタートレック』のピカード艦長役で知られる。
46 第２分類の解決策。
47 第３分類の解決策。
48 この議論が少し乱暴と思われる読者は、数学的に証明されないことを仮定としておこう。
49 その後「可能」の扱いに対しては、S・クリプキ（1940年生）が可能世界意味論を提案し、一世を風靡することになる。
50 ファジーロジックを1965年に発明したザーデー（1921年生）はもともと電子工学者であった。
51 SMART（System for the Mechanical Analysis and Retrieval of Text）はコーネル大学が開発した情報検索システムであるが、ここでは小文字smart（スマートな）にしてある。
52「代数的」は、ベクトルや行列を扱う分野を線形代数と呼ぶのと同じ感じだろうか。
53 量子論理は1930年代にバーコフとフォン・ノイマンによって導入されたが、1960年代に多角的な研究が行われるようになった。
54 地球を中心とする大円（従円）の円周上に中心をもつ小円のこと。各惑星は２つの円運動を重ねた動きをするとされた。
55「フォーク」は二叉の道具のことで、食器のフォークも昔は二叉のものしかなかった。ヒュームは人間知性の対象を「観念間の関係」と「事実に関する事柄」に分けたが、ここではそれらを演繹と帰納として説明している。

56 ミルは主著『論理学大系』で、法則（仮説）を立てるための帰納法のパターン（５つのカノン）を説明すると共に、その法則から演繹と検証を行う方法も示しており、一種の「仮説演繹法」を創始した。
57 ミルの仮説演繹法のこと。
58 水星の楕円軌道の太陽に最も近い点（近日点）の移動のずれをアインシュタインが一般相対性理論によって説明した。
59 Hard-edgeは、「妥協しない」「現実を見据えた」などの意味でも使われる。
60 原文は“Pigs fly.”。
61 原文は“Pigs fly home.”。
62 原文は“John thinks that pigs fly.”。
63 原文では、チョムスキー理論の基本用語「深層構造（deep structure)」ではなく、より広い意味にも用いられる「基底構造(underlying structure)」を使っている。
64 Xバーは$\overline{X}$のことで、X′とも書く。たとえば、Nが名詞（例.時計）を指すなら、「N」自身を指す記号が$\overline{N}$である。従来の普遍文法におけるNP（名詞型）は、$\overline{N}$レベルの文法句を合成して作られるから、$\overline{N}$バー（あるいはN″）とも書かれる。なお、原文ではNやPには小文字を使っている。
65「叫ぶ（cry)」はふつう自動詞で、もし他動詞として使うなら「彼女の名前を叫ぶ」といった用法になる。
66 ロンドンの労働者階級の英語。戯曲『ピグマリオン』（映画化『マイ・フェア・レディ』）の題材になった。
67 ベルラン俗語ともいう。例えば、「カフェ（café)」を「フェカ（féca)」と逆に発音する。
68 より一般的に述べれば、「目的Bはよい」と「行動AはBをもたらす」から「行動Aはよい」を導くような論法。
69 信念（Belief）と願望（Desire）に意図（Intention）を加え、BDIモデルとして研究されることが多くなっている。
70「最大多数の最大幸福」といわれるベンサムの功利主義を理論的に一歩進めたのがJ.S.ミルであるが、彼の論理学はそれを主張するためのものではない。

文献案内

原書には簡単な文献リストがありますが、ほとんどが英語で書かれた入門書の紹介なので、ここでは日本の読者向けに日本語で読める本をピックアップしてご紹介します。

まず、この分野の基本用語を調べたいなら、次の２冊が便利です。

ジュリアン・バッジーニ、ピーター・フォスル『哲学の道具箱』廣瀬覚 長滝祥司訳、共立出版、2007年.

W.V. クワイン『哲学事典—AからZの定義集』吉田夏彦、野崎昭弘訳、ちくま学芸文庫、2007年.

哲学的論理学のアリストテレス以来の潮流を摑むには下記の本がコンパクトで読みやすいです。

G.H. フォン・ヴリグト『論理分析哲学』服部裕幸監修、牛尾光一訳講談社学術文庫、2000年.

数学の哲学関係では、次の本が詳しくて良いと思います。

スチュワート・シャピロ『数学を哲学する』金子洋之訳、筑摩書房2012年.

特に集合論に関しては、次の名著をご一読ください。量子論理についても触れています。

竹内外史『新装版 集合とはなにか——はじめて学ぶ人のために』講談社ブルーバックス、2001年.

ゲーデルの不完全性定理について、次の本は話題が広くて、特に計算可能性理論との関係の説明が優れていると思います。

トルケル・フランセーン『ゲーデルの定理——利用と誤用の不完全ガイド』田中一之訳、みすず書房、2011年.

言語哲学の解説が充実した20世紀の哲学史として、次の本は座右にあると便利でしょう。

飯田隆（編）『哲学の歴史〈第11巻〉論理・数学・言語 20世紀2』中央公論新社、2007年.

最後に科学論では、次は名著です。

村上陽一郎『新しい科学論——「事実」は理論をたおせるか』講談社ブルーバックス、1979年.

もっと新しいものとしては、次をあげておきます。

戸田山和久『「科学的思考」のレッスン—学校で教えてくれないサイエンス』ＮＨＫ出版新書、2011年.

あとがき

５年ほど前のこと、北京の書店で、平積みされた本書の中国語版『視読　邏輯学』（邏輯はロジックの音訳）を見つけました。このようなポップな感じの本はそれ以前の中国では見たことがなかったので出版事情の変化に驚き、そして本を開くとかなり高度な話題がマンガで説明されていることにまた驚きました。

帰国後、北京から持ち帰った本をマレーシアの留学生に見せたところ、彼はすでに英語版を読んでいて、しかも２冊持っているからといって１冊私にくれました。この時、この本が海外でとても評判で、他言語で翻訳されていることも知りました。

そのうち東日本大震災があり、私の周りにも色々な変化が起こりました。一般向けの講演や非専門家との交流がふえ、自分の研究分野であるロジックを易しく楽しく伝えたいと思いが強くなり、この本を訳したらみんなに役立つだろうと考えました。

本書の原書は、Icon Books社のGraphic Guide入門シリーズの一冊で、すでにブルーバックスで多くの訳書があります。このシリーズの、中でも本書の人気の秘密は、解説付きのマンガでもマンガ付きの解説でもなく、複数の作り手たちのコラボレーションがとてもうまく働いていることでしょう。

訳出にあたっては、ブルーバックス出版部の能川佳子さんに原画に合わせて訳文の長さを調整するという大変骨の折れる作業をしていただきました。私の研究室の朴尹華さんと李文娟さんには、本書の第一草稿ともいうべき講演スライド作りに多大なご協力をいただきました。また、この本に直接関わられていなくても、これまでのご助言や励ましが私の仕事を支えてくれたことで感謝したい方がたくさんいます。皆さん、ありがとうございました。

2015年３月　仙台にて　田中一之

さくいん

<な・は行>

<ま・ら行>

<アルファベット>

N.D.C.116　190p　18cm

ブルーバックス　B-1906

ロジックの世界《せかい》

論理学の哲人たちがあなたの思考を変える

2015年 3 月20日　第 1 刷発行

文　ダン・クライアン
　　シャロン・シュアティル
絵　ビル・メイブリン

訳者　田中一之《たなかかずゆき》
発行者　鈴木　哲
発行所　株式会社講談社
〒112-8001 東京都文京区音羽2-12-21
電話　出版部　03-5395-3524
　　　販売部　03-5395-5817
　　　業務部　03-5395-3615
印刷所　（本文印刷）豊国印刷株式会社
　　　　（カバー表紙印刷）信毎書籍印刷株式会社
本文データ制作　講談社デジタル製作部
製本所　株式会社国宝社

ISBN978−4−06−257907−0

発刊のことば

科学をあなたのポケットに

二十世紀最大の特色は、それが科学時代であるということです。科学は日に日に進歩を続け、止まるところを知りません。ひと昔前の夢物語もどんどん現実化しており、今やわれわれの生活のすべてが、科学によってゆり動かされているといっても過言ではないでしょう。

そのような背景を考えれば、学者や学生はもちろん、産業人も、セールスマンも、ジャーナリストも、家庭の主婦も、みんなが科学を知らなければ、時代の流れに逆らうことになるでしょう。

ブルーバックス発刊の意義と必然性はそこにあります。このシリーズは、読む人に科学的に物を考える習慣と、科学的に物を見る目を養っていただくことを最大の目標にしています。そのためには、単に原理や法則の解説に終始するのではなくて、政治や経済など、社会科学や人文科学にも関連させて、広い視野から問題を追究していきます。科学はむずかしいという先入観を改める表現と構成、それも類書にないブルーバックスの特色であると信じます。

一九六三年九月

野間省一